# LE PAUVRE MICHÉE.

De l'Imprimerie de NOUZOU, rue de Cléry, N° 9.

# LE PAUVRE MICHÉE,

ou le petit et le grand Prophète de malheur bonheur éternel;

## INTERPRÈTE

DES ORACLES, MYSTÈRES, VISIONS ET PROPHÉTIES, TANT DE L'ANCIEN QUE DU NOUVEAU TESTAMENT, QUI DOIVENT SERVIR, PAR LEUR ACCOMPLISSEMENT, A PROUVER LA DIVINITÉ DE LA RÉVÉLATION ET DE LA RELIGION CHRÉTIENNE, POUR ÉCLAIRER LES HOMMES A LA FIN DES TEMPS.

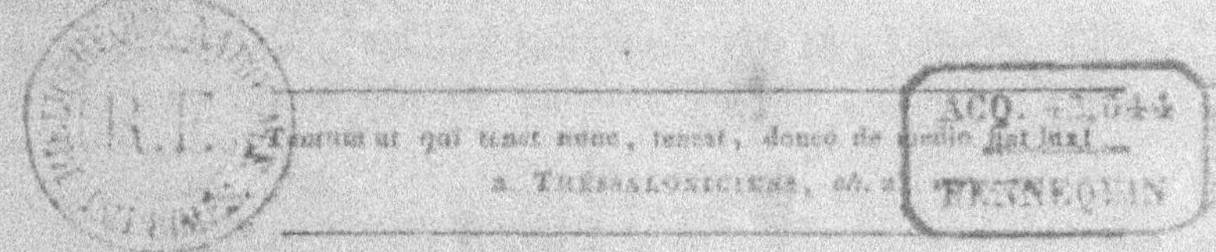

## ENSEIGNEMENT MUTUEL.

Que tous instruisent ceux qui savent bien ne savent lire et ni compter.

PRIX : 25 CENTIMES.

## A PARIS,

Chez l'Auteur, rue Mauconseil, N° 3;
Chez tous les Libraires et dans tous les Cabinets littéraires.

1er MAI 1822.

# MANIFESTE.

1. Bon (François), dit Michée, né au Puy, département de la Haute - Loire, rue Saint - Gilles ; paroisse
St-Pierre, le Monastier.

2. Par la grace de Dieu, membre de la grande famille des
pauvres, admis récemment à la participation des secours
du bureau de charité du cinquième arrondissement, rue
St. Sauveur.

3. Réduit à l'aboye, rue Mauconseil, N° 3, près l'hôtel
du Nom de Jésus, presqu'en face de la maison de Jacob
et des deux oliviers.

4. Ci-devant rue Michel-le-Comte, N° 18, à Paris.

5. A tous ceux qui ce présent verront, grâce, paix,
union et salut.

## TRÈS-CHERS FRÈRES !

L'impudeur avec laquelle le Philo-Sophisme du siècle,
c'est-à-dire le mensonge et la folie, ose, sous divers
masques et diverses couleurs, attaquer la Philo-Sophie,
c'est-à-dire la sagesse et a vérité, m'a déterminé à accepter la mission que j'ai reçue de le combattre et de le
vaincre.

Au fait de sa tactique augustucieuse, je sais que ses plus
fortes armes ne sont pas dans des raisons solides, mais bien,
(suivant l'esprit et le caractère du temps), dans le ridicule,
la satyre, la plaisanterie, les quolibets, les jeux de mots,
les calembourgs, les apologues, les caricatures, les chan-
sons et les rébus, aussi je préviens mes lecteurs que je me
servirai quelquefois des mêmes armes pour les escarmouches,
indépendamment de la grosse artillerie de la raison que j'em-
ploierai dans les grandes batailles et dans le siège des
places fortes d'où je voudrai le débusquer ; un bon généra
doit savoir se battre de toutes les manières.

Mon plan de campagne n'a rien de fixe ni de régulier

mes marches et mes manœuvres dépendront des circonstances et des occasions.

Semblable à bien des généraux qui, quoique illitérés, n'ont pas laissé de s'illustrer dans une mauvaise cause qu'ils ne connaissaient pas, je ne prétends pas aux palmes de l'Académie, ni aux lauriers du Parnasse; mais, sans rien préjuger sur les revers ou les succès divers de celle que j'embrasse,

A l'issue du combat, on verra la victoire
Couronner le vainqueur d'une céleste gloire.

Il me reste à présent à produire mes pleins pouvoirs bellopacediplomatiques; pour première pièce, je vais présenter mon brevet de nomination, dont la teneur suit:

*Du Paradis, le Vendredi 12 Avril 1822.*

Qu'apperçois-je là-bas, quelle métamorphose!
Lucifer a changé, contre couleur de rose,
Sa livrée? Vertuebleu, pour tromper les humains,
C'est encore un des tours de ses esprits malins:
Gabriel, Raphaël, Michel, vous mon archange,
Armez vos légions, dans le vaincu Duc ange
Des ténèbres, frappez, exterminez Satan;
Qu'il rentre dans l'enfer avec le charlatan.
Mais, non, pas n'est besoin, c'est une bagatelle
Qui ne mérite pas d'occuper ma cervelle.
Jadis, quand je voulus tous les chasser du ciel,
Par vos soins, j'en purgeai le séjour éternel,
Le cas est différent ce n'est que sur la terre,
Qu'aura lieu, cette fois, cette petite guerre;
Michel, quittez vos ailes, sans casque et sans épée,
Allez-vous en trouver votre cousin Michée,
Prophète de malheur, il est vrai: mais j'estime
Qu'il mérite le rang de généralissime.
Il ne faut pas, d'ailleurs, un guerrier si fameux,
Pour soumettre à jamais ces anges ténébreux.

*De par le Dieu des Armées,*

**MICHEL,** *Ambassadeur.*

Pour seconde pièce qui me servira de lettre de croyance,
je présente l'ÉVOCATION MYSTÉRIEUSE ci-après.

———

Monte du fond du Puits, modeste Vérité,
Viens dissiper la nuit par ta vive clarté ;
Errans dans le cahos des épaisses ténèbres,
Nous ne sommes ci-haut que des ombres funèbres :
Entre le Ciel et toi, l'abomination
A répandu l'effroi, la désolation !
N'oublie rien là-bas pour te faire connoître,
Tu ne ferois qu'hélas paroître et disparoître,
Tant le doute aujourd'hui et l'incrédulité
Ont affoibli l'éclat de ta Divinité.
Ne manque pas d'abord, pour témoins, je t'en prie,
D'appeller Magdelaine, Marthe, Jean et Marie ;
Et si dix-huit cents ans n'ont pu cicatriser
Tes plaies, à tous les yeux il faudra les montrer,
Et le nerf de Jacob, les rayons de Moyse,
Le mot que doit avoir le Pasteur de l'Église,
Ton extrait de baptème, de circoncision,
Tout ce qui peut enfin prouver ta mission.
Comme chacun se croit sçavant polytechnique,
A l'école il faut bien aussi que tu expliques,
Dans la langue du mutuel enseignement,
Ce qu'en si peu de tems on enseigne à l'enfant,
La lettre, la syllabe, le verbe, la césure,
Le pied, le vers, le poids, le nombre, la mesure,
Sciences ignorées des fiers ignorantins,
Qui visent à former des enfans bons chrétiens !
Et afin que personne ne dise qu'il ignore,
En déclinant tes noms tu leur diras encore,
Que tu fus, que tu es, que tu seras toujours,
Le seul Dieu juste et bon, digne de leur amour,
Sans doute qu'à la fin voyant tant d'indulgence,
Contrits de leurs péchés, ils feront pénitence.

*Ainsi soit-il.*

Ce n'est, peut-être, pas trop là le protocole en usage dans
ce pays, mais qu'importe à MICHÉE.

O Temps ! ô Mœurs ! ô Dieu ! inspirez - moi, ai - je le temps d'écrire ? Les secondes, les minutes, les heures, les soirs, les matins, les jours, les nuits, les semaines, les mois, les saisons, les années, les lustres, les cycles, les siècles et les temps s'écoulent et vont se perdre dans l'océan de l'Eternité, tout passe et tout finit, vous seul, ô mon Dieu, ne passez pas ! vous seul êtes infini et éternel !

Architecte immuable de ce vaste univers, vous l'ornâtes de tout ce qui pouvoit flatter la vue, l'ouie, l'odorat, le goût et le tact de l'homme que vous créâtes, pour l'habiter, à votre image et ressemblance, n'exigeant de lui, pour toute reconnaissance, qu'une passive obéissance : mais, hélas ! l'ingrat ! dans ce Paradis de délices, vous ayant désobéi et ses descendants ayant surchargé la surface de la terre du poids de leurs iniquités ; ainsi qu'un bâteau à vapeur qui, lesté seulement des combustibles propres à chauffer sa chaudière, seroit parti, son pont couvert et surchargé d'une troupe joyeuse, se rendant à une fête, et qui, par un coup de vent, secondé par les élans d'une multitude folâtrante, perdant son équilibre, auroit chaviré, et ne présenterait à la vue, sur la surface du fleuve, que sa quille et ses flancs embourbés, le dépôt des charbons et le foyer des cendres défoncés par les patrons seuls sauvés du naufrage ; ainsi du soufle de votre bouche, vous bouleversâtes sens-dessus-dessous le Globe au milieu des eaux, et détruisîtes tout le genre humain, à l'exception d'une famille que vous sauvâtes, dans l'Arche, avec les animaux destinés à repeupler l'Hémisphère nouveau, sorti des abîmes de la mer, tout aride de rochers, montagnes et volcans dont les coquillages et poissons pétrifiés, les laves et les cratères éteints attestent l'émersion, et décèlent les feux qui dévorent les entrailles de la terre.

Cependant, qui l'eût cru dans les temps les plus près de cette terrible catastrophe, que, moins sages que nos ancêtres de l'ancien Monde, puisque nous avons l'expérience qu'ils n'avoient pas d'une punition aussi rigoureuse, nous vous désobéirions aussi et provoquerions une seconde fois votre céleste colère et notre entière extermination ? Hélas ! il n'est que trop vrai, après une commotion de trente-trois ans du bouleversement du monde moral et politique , ne vois-je pas, n'entends-je pas, ne sens-je pas les symptômes précurseurs de la destruction de ce monde physique ? Dites-nous quand ces choses arriveront, et quels signes il y aura de votre avènement et de la consommation du siècle, demandoient ses disciples à votre Fils Notre-Seigneur Jésus-Christ. Vous entendrez parler de guerres et de bruits de guerres , leur répondit-il , car on verra se soulever peuple contre peuple et royaume contre royaume , et il y aura des pestes , des famines et des tremblements de terre en divers lieux : aussitôt après ces jours d'affliction , le soleil s'obscurcira et la lune ne donnera plus sa lumière , les étoiles tomberont du ciel et les puissances des cieux seront ébranlées. Et , en effet , guerres et bruits de guerre , pestes et famines , comètes et éclipses , chute d'aérolytes du ciel , montagnes flottantes de glaces détachées du pôle dans les mers du Nord , affaissement de terres et avalanches dans divers lieux, soulèvement et débordement de bourbes marécageuses en Irlande , déchaînement des vents sur toutes les mers , éruptions de volcans , tremblements de terre tout récens , saut rétrograde de l'aiguille aimantée , douceur inhabituée de température dans les saisons froides , tout ne semble-t-il pas , depuis 1789 , nous annoncer le nouveau Ciel et la nouvelle Terre promise par les Prophètes , notamment par St.-Jean , Apocalypse , chap. 21 , vers. 1.

Mais , hélas ! avant ce grand renouvellement , votre Fils bien-aimé ne doit-il pas venir pour juger les vivans et les morts ? Lorsque vous verrez toutes ces choses , dit-il encore à ses disciples , sachez que le Fils de l'homme est proche , et qu'il est comme à la porte ; le ciel et la terre passeront , mais mes paroles ne passeront pas.

O Dieu de miséricordes infinies ! ayez pitié des hommes endurcis dans les ténèbres et dans le péché , avant d'accomplir cette grande menace , envoyez-nous le consolateur que votre fils nous a promis ; vous qui remplissez les cœurs de vos fidèles et y allumez les feux de votre amour , envoyez votre esprit et tout sera créé , et vous renouvellerez la face de la terre. Alors commençant une nouvelle ère , en vous glorifiant universellement , les philosophes du dix-neuvième siècle pourront dire , avec vérité , que nous sommes dans le siècle des lumières ; mais , comme au lieu du flambeau de la foi, ils croient ne devoir s'éclairer que de celui de la raison, je vais essayer de leur prouver par des raisonnemens et des calculs incontestables, que nous sommes plus près des derniers temps qu'ils ne se l'imaginent. A cet effet, je vais sonder les destins, consulter les oracles, interroger les Prophètes, et dévoiler les mystères; mais daignez, ô grand Dieu! éclairer lui-même le plus simple et le plus petit de vos serviteurs, des plus vives lumières de votre esprit saint.

J'entre en matière par un apperçu de l'existence de Dieu de toute éternité, et du Monde depuis un commencement, au-dessus duquel Moïse, par son silence, semble nous inviter à ne pas nous élever, mais dont cependant il nous donneroit à soupçonner une pluralité de créateurs, ou au moins d'esprits célestes, par le langage qu'il met dans la bouche de Dieu, *vers.* 26 *du chap.* 1. *de la Genèse*; faisons l'homme à notre image et ressemblance, dit-il, après avoir constamment parlé de Dieu au singulier; et continuant sur le même nombre jusqu'à la chute d'Adam, il lui fait dire encore au pluriel, *chap.* 3, *vers.* 22, voilà Adam devenu comme l'un de nous, sachant le bien et le mal; empêchons maintenant qu'il ne porte la main à l'arbre de vie, qu'il ne prenne de son fruit, et que, mangeant de ce fruit, il ne vive éternellement; et en même temps il mit, devant le jardin des délices d'où il le chassa, des Chérubins qui faisoient étinceller une épée de feu pour garder le chemin qui conduisoit à l'arbre de vie.

Pour première preuve de l'existence de Dieu de toute éternité, je citerai ces Chérubins. Il existoit donc des Chérubins avant la Création du Monde; quand Dieu les avoit-il créés? C'est ce que Moïse ne nous dit pas non plus; ils étoient donc subordonnés à Dieu, puisqu'il leur donnoit des ordres. D'ailleurs la chute des mauvais anges dans les Enfers, si bien figurée par les Payens mêmes, dans le combat des Titans contre les Dieux, n'est-elle pas la preuve de l'existence de Dieu et d'un Royaume céleste dont il est le dominateur?..... Parmi ces Chérubins, ceux que l'Ecriture Sainte nous présente comme les Princes et les plus puissants dans le gouvernement théocratique, sont Michel, qui signifie, qui est semblable à Dieu? Gabriel, force de Dieu, et Raphaël, médecin de Dieu. Par la considération distinguée dont jouissent ces trois esprits célestes, l'Éternel n'auroit-il pas voulu nous donner une première idée de la Sainte-Trinité? Comme tout est figuré dans l'ancien Testament, on ne doit pas être éloigné d'admettre cette application, par les rapports marquants qu'ont avec Dieu ces trois qualités, ressemblance, force et remède de Dieu. Mais me dira-t-on, pourquoi toutes ces figures, pourquoi Dieu ne se fait-il pas connoître plus clairement aux hommes? Ingrats que vous êtes! il n'est rien dans l'Univers dont l'ordre admirable ne vous atteste l'existence du Créateur, vous-même qui êtes sa créature privilégiée, puisque tout vous est soumis, regardez et étudiez-vous vous-mêmes. Je ne puis me comprendre, me répondrez-vous, je vois bien que j'ai un corps merveilleusement organisé, je sens bien que j'ai une ame passionnée, et un esprit intelligent; mais je ne puis, cependant, parfaitement me définir. Eh bien, parceque nous ne pouvez vous comprendre et vous définir, conclurez-vous que vous n'existez pas? et si vous ne pouvez ni vous comprendre, ni vous définir, espérez-vous mieux comprendre et définir Dieu? Et parceque vous le trouverez incompréhensible et indéfini, aurez-vous raison de nier son existence et de refuser de croire en lui? Par délicatesse, par égard pour votre foiblesse, par amour pour vous, il ne vous commande que la foi, parceque de cette vertu dérivent toutes les autres : et quel mérite auriez-vous à croire, si, pouvant vous convaincre de la véritable essence de Dieu, par vos facultés intellectuelles, vous n'aviez de foi que parceque vous auriez vu, touché, entendu, raisonné et conclu? Quel droit avez-vous d'ailleurs d'exiger de Dieu qu'il se rende palpable à vos sens insensés et trompeurs? Pourquoi ce désir insatiable, malgré l'exemple de la punition du premier homme, de manger du fruit de l'arbre de la science du bien et du mal? N'est-ce pas toujours le Démon de l'orgueil qui veut s'élever au-dessus de Dieu? S'il se manifestoit à votre corps et à votre esprit périssables, quel mérite auroit votre ame immortelle pour obtenir dans le Ciel la récompense promise à votre foi? Dieu veut qu'on le croie sur parole, et quelle est sa parole? son Verbe! Non seulement il a parlé par les Prophètes, mais encore par le Verbe lui-même, son Fils unique, qui s'est fait homme, et est mort pour vous racheter de l'esclavage du péché; non-seulement il a parlé par son Fils unique, mais encore il est prêt à vous parler par son Saint-Esprit, sous la forme d'un homme, pour ne pas vous éblouir par l'éclat de sa Divinité. Voilà que vous nous ramenez, m'allez-vous dire, au mystère incompréhensible de la Sainte-Trinité, comment un peut-il faire trois, comment trois ne font-ils qu'un ? Cela n'est pas bien difficile à vous prouver, et je vais vous le démontrer par une comparaison *ad hominem*. L'homme existe, n'est-il pas vrai ? il est composé d'une âme, d'un corps et d'un esprit, et ces trois qualités ne forment cependant qu'un seul individu ; l'âme représente Dieu le Père, par son immortalité, le corps représente Dieu le Fils qui s'est fait homme pour notre salut, et l'esprit représente Dieu le Saint-Esprit qui doit venir nous éclairer et nous consoler. La même comparaison peut être faite *ad homines*, et prenons-en l'exemple, en France, dans son gouvernement constitutionnel : le Roi représente Dieu le Père, par sa prééminence, la Chambre des Députés représente Dieu le Fils, comme homme par les passions qui l'agitent, et la Chambre des Pairs représente Dieu le Saint-Esprit, par sa sagesse et son esprit sain ; et la réunion de ces trois pouvoirs ne forme cependant qu'un seul gouvernement.

Quand cet esprit de vérité sera venu, dit Jésus-Christ lui-même à ses disciples, peu de temps avant de les quitter, il vous enseignera toute vérité, car il ne parlera pas de lui-même, mais il dira tout ce qu'il aura entendu, et il vous annoncera les choses à venir ; il me glorifiera, parce qu'il recevra de ce qui est à moi, et il vous l'annoncera ; tout ce qu'a mon père est à moi, c'est pourquoi je vous dis qu'il recevra de ce qui est à moi et vous l'annoncera. (*St.-Jean*, *chap.* 16, *vers.* 13, 14 *et* 15.)

Il est venu cet esprit de vérité, l'Archange St.-Michel me l'a annoncé le 29 Septembre 1820, *rue Michel-le-Comte*, N° 18. Michée, me dit-il, compte les coups de canon que l'on va tirer pour annoncer la naissance d'un Enfant illustre ; au treizième, tu pleureras de joie, et tes larmes seront séchées par la chaleur des lumières de l'Esprit-Saint ; et, pour te prouver combien tu en seras éclairé, tu feras de l'anagramme de mon nom Michaëli, une phrase par demande et par réponse, qui démontrera que le temps de l'accomplissement des grands décrets de Dieu est arrivé ; mais, auparavant, par la combinaison et le double emploi de lettres, de syllabes et de mots, écris de suite l'oracle suivant :

im ᵖⁱ a ˢᵉ x *diebus, homo quæ feci*, in ° rb
in ° o ˢᵉ *ptimo, Dei fato, periban* ᵗ et ° p ᵉ
*et renovabitur facies cœli et terræ.*

Présentement, fais mon anagramme au commencement de six lignes, à remplir par la signification des mots qui le composeront, dont tu trouveras l'explication à la fin de la Bible.

J'écrivis donc :

Michaëli. . ou . . . Qui est semblable à Dieu ?
Eli . . . ou . . . Force de Dieu.
Mica . . ou . . . Brille.
Micha . . ou . . . Pauvre.
Heli . . ou . . . Élévation.
Eliacim. . ou . . . Résurrection de Dieu.

Mais je ne pus jamais comprendre, ni deviner ce que tout cela signifioit ; voyant ma sollicitude, St.-Michel me dit : Michée, mets ces écrits sous le sceau, et quand il en sera temps, tu l'ouvriras..... Ensuite il continua ainsi : Je sais que, dans les calculs, tu es fort bien versé, j'ai un grand compte à faire, j'ai voulu t'en charger, écris :

On vengera sept fois la mort de Caïn, et celle de Lamech septante fois sept fois :

| | | |
|---|---|---|
| multiplie sept, . . . . . . . . . . . . . . . | ci. . | 7 |
| par sept . . . . . . . . . . . . . . . . | ci. . | 7 |

| | | |
|---|---|---|
| et du produit de ton opération. . . . 49 | ci. . | 49 |
| tu multiplieras les ans de la vie d'Hénoc. 365 | ci. | 365 |

qui te donneront en nombres fixes. $\begin{cases} 3295 \\ 1460 \end{cases}$ . . . 17895

lesquels décimés du dernier chiffre. . . . . . . . 5

tu auras pour premier résultat. . . . . . . . 1789
auxquels tu ajouteras les ans de vie du Christ. . 33

qui te donneront pour dernier résultat. . . . . 1822

Somme qui marque le temps où se termineront les malheurs de la terre, par l'intercession du grand consolateur.

Et puis il disparut.

J'ignore si c'est par le même calcul que je me trouve d'accord avec certains astrologues dont se moque Monsieur Couillard, Seigneur du Pavillon, près Loriz en Gatinois; dans son livre intitulé : *les Contredits aux Prophéties de Nostradamus*; lequel Seigneur du Pavillon, sans doute philosophe, pyrhonnien, esprit fort du 16<sup>me</sup> siècle, se mordroit bien les doigts, s'il vivoit aujourd'hui, d'avoir fait dans les 3<sup>e</sup>. et 4<sup>e</sup>. feuillets de son livre, la critique suivante.

Laissons parler l'auteur :

« Aucuns astrologues prédisent semblablement par le cours et révolutions des sphères et planètes, la paix, la guerre, la peste, la famine, et cent mille autres rêveries, pour couvrir lesquelles; et afin qu'ils ne puissent être repris de cette espèce d'hérésie, ils mettent le tout sous la grandissime puissance et conduite de Dieu; mais, sous cet ombrage, ils inventent nombre infini de malheureux présages, tant faux et erronnés, qu'à les ouir, il semble que tout soit déjà abîmé et consommé, brûlé et péri, car ils décrivent en cris piteux et lamentables, la fin de tout être quasi présente; prochaine ou présente (dis-je), pour ce qu'ils ne donnent vie à nos successeurs que de 235 ans ou environ, à compter de ce présent an 1555. Cela certes fait trembler les pusillanimes d'une terrible peur et crainte future, et les plonge en flots et troubles d'ennuyeuses passions; combien que de notre temps et à leur dire même, ce ne puisse advenir, car puisqu'ils nous promettent une grande et merveilleuse conjonction, environ les ans de notre Seigneur, mille sept cent octante neuf, avec dix révolutions saturnales; cela est aisé à entendre que nous en serons exempts; ils calculent aussi que vingt-cinq ans après sera la quatrième et dernière station de la latitudinaire firmament, et néatmoins font un doute merveilleux si le monde pourra tant durer. O folie grande, ô curieuse et insatiable affection humaine de cuider s'avancer, de prophétiser si hautement »! etc. etc. etc.

Indépendamment de mon calcul qui se trouve confirmé par celui de ces astrologues, et qui, tous deux, ont été justifiés par le commencement de la révolution françoise en 1789, n'aurois-je pas le droit de lui opposer avec raison le verset 14 du chap. 1 *de la Génèse*, ainsi conçu : Dieu dit aussi que des corps de lumière soient faits dans le firmament du Ciel, afin qu'ils séparent le jour d'avec la nuit, et qu'ils servent de signes pour marquer les temps et les saisons, les jours et les années. Et puisque Dieu a créé les astres pour marquer les révolutions des temps dans l'ordre physique, il n'est rien que de très naturel qu'ils les marquent aussi dans l'ordre moral et métaphysique.

N'est-ce pas aussi là l'explication des soixante-dix semaines, dont parle Daniel *chap.* 9. *vers.* 24, 25, 26 et 27, qui lui furent annoncées par l'Ange Gabriel ? C'est ce que je prouverai, lorsque j'expliquerai les passages les plus marquants du Livre merveilleux de ce grand prophète.

*La suite paroîtra sous peu.*

Les Fidèles sont invités à conserver proprement ces feuilles pour en former un volume de Bonnes Nouvelles, venant de l'autre monde.

------

## NOTA.

*CINQ CENTIMES, par Feuille de cet Ouvrage, étant destinés au soulagement des Pauvres, l'humanité s'oppose à sa contrefaçon. En conséquence, toute Feuille qui ne sera pas estampillée du timbre ci-dessous, sera saisissable et condamnable.*

D'après le manifeste que je publiai le 1er. mai contre
le Diable Rose, je m'étois attendu à le voir dans son
numéro du vendredi suivant , jour de malheur , me répondre et repousser mes attaques ; point du tout , je ne
fus pas peu étonné de voir qu'il n'avoit pas paru dans
l'arène , ignorant la raison qui l'en avoit empêché , je me
couchai ce jour là fort tranquillement , et je dormais du
plus profond sommeil , quand tout-à-coup je m'entendis
appeler par St.-Michel qui me tint le discours suivant :

Bravo! mon cher cousin, j'admire votre zèle,
Une amorce à suffi pour lui bruler les ailes
A ce colifichet, pauvre icare nouveau,
Dont la plume est changée en celle d'un oiseau,
Qui ressemble au hibou, au duc, à la chouette,
Il a l'air tout honteux de sa triste défaite,
Et ne présente plus de son éclat vermeil,
Que les pâles couleurs de trois coups de soleil.
Il faut pour relever l'honneur de la famille,
Que de tous vos exploits, la France entière brille!
Il est certain miroir dépoli et faux tain
Qui paraît chaque jour, produit par un lutin
Qui se croit assez fort, avec ce frêle titre,
Pour, même impunément, pouvoir casser les vitres,
Pour le moriginer et punir son audace,
Avec un gros ognon, cassez-moi cette glace.
Quant aux autres hérauts, d'annonces politiques,
Laissez-les s'excrimer en pliques en repliques,
Pourvu que, respectant le pouvoir monarchique,
Ils ne nous parlent plus de cette république.
Il est un écrivain d'un bien plus bas étage,
Qui se croit possesseur de la science des Mages,
Et, qui voulant prouver l'origine des cultes,
A cherché recherché dans les sciences ocultes,
Un système nouveau aussi faux qu'éronné,
Vrai tissu de mensonge, blasphème et impiété;
Dont, afin d'épurer le matériaisme,
Il se sert, pour filtrer l'eau Dupuis de l'abîme.
Vous citerez aussi le citateur critique,
Merveilleux Coriphée de la gent hillarique,

2

Qui, parmi les brebis de la race dévote,
Voulut inoculer le mal de la pigotte ;
N'épargnez pas Pargny, de la Guerre des Dieux,
Inspiré par Python, chantre archi-impieux ;
Opposez une digue qui détourne la grève,
Du torrent de Rousse eau, qui coula de Genève ;
Et pour exterminer le plus fort adversaire,
Obligez de ramper le génie de Vole terre,
Trop long-temps honoré, presque divinisé,
Qui, par son impiété, s'est immortalisé.
      Il dit et disparut.
Sur ma foi de Michée, ces quarante vers là
Valent bien la statue que jadis éleva,
Dans un des beaux salons de la France savante,
A sa divinité, l'Assemblée des Quarante.

Mais ceux qui ont le plus chatouillé mon amour propre, ce sont ces deux :

Il faut pour relever l'honneur de la famille,
Que de tous vos exploits la France entière brille.

C'est fort bien, mais il me semble qu'auparavant, il faudroit la faire connoître, notre famille, sait-on qui je suis, d'ou je viens et ou je dois aller, c'est ce que je vais faire connoître, en ajoutant au titre de Pauvre Michée, celui de *Histoire de la Vérité, sortie du fond du puit, écrite par elle-même*, avec cette épigraphe :

*Amicus Plato magis amica veritas.*

DÉMOCRITE.

Mais avant de commencer, mes lecteurs voudront bien me permettre de leur donner quelques avertissemens préliminaires en forme de préface, et de leur adresser une humble dédicace.

# DÉDICACE.

A mes Lecteurs.

Une année et sept mois viennent de s'écouler,
depuis que, par la grâce de Dieu, Son Altesse Royale,
Madame la Duchesse de BERRY, a donné à la France
éplorée, un rejeton des lys, dont la tige tronquée était
prête à périr par le plus noir forfait; à ce don précieux
de la Divinité, ajoutez un prodige jusqu'ici ignoré,

Dès ce jour là des morts je suis ressuscité!  C. A D.
J'étais dans les ténèbres et je fus éclairé.

L'histoire dont ci-joint je vous offre l'hommage,
Méditée avec soin, obtiendra l'avantage
D'intéresser le monde, et devant l'univers,
De disculper le ciel et confondre l'enfer;
Traduite et imprimée à Madrid, à Lisbonne,
Terrassant la licence elle sauvrea le trône;
De même en Orient, stimulant leurs efforts,
De ces malheureux Grecs devoués à la mort,
Par les Mahométans dont l'Empire chancelle,
Les Russes et Persans vengeront la querelle;
Des enfans d'Abraham, d'Isaac, de Jacob,
Souffrant depuis long-temps, les misères de Job,
Les ramenant enfin dans la terre promise,
En fera les plus forts soutiens de l'église;
De Luther, de Calvin, de tous les protestans,
Différents sur des points assez peu importans,
D'avec l'orthodoxie de l'église de Rome,
Des trésors de la foi, soidisant l'économe,
Mettant fin aux débats de vaine Scholastique,
Réunira les cœurs à la foi catholique;
Et du Dieu des armées, restaurant les autels,
Rendra de Jésus-Christ, le culte universel.
En voyant de leurs yeux, en tous points accomplies,
Les révélations, visions, prophéties;

Tous les mortels saisis d'une sainte terreur,
Abjureront bientôt le mensonge et l'erreur.
Daigne le Saint-Esprit, d'un rayon de sa flamme,
Éclairer tous les cœurs, comme il brûle mon ame,
Et la foi, l'espérance et l'humble charité,
Brilleront de l'éclat du Dieu de vérité.

F. BON·

## DÉCLARATION

Portant suppression de la Dédicace ci-dessus adressée au Roi sans son autorisation, dans le premier mille que j'ai fait tirer de cette feuille, laquelle déclaration je le supplie de vouloir bien agréer comme aveu et excuse de mon imprudence.

Ignorant les usages du monde et principalement de la cour, j'avais adressée au Roi la Dédicace que l'on vient de lire, mais ma seconde feuille ayant été présentée à la Direction de l'imprimerie et de la librairie, pour en faire le dépot d'usage, on refusa de l'admettre, sans que *je* présentasse une autorisation du premier gentil-homme de la chambre; l'ayant sollicitée vainement depuis dix jours, je me suis décidé à en faire hommage à mes lecteurs, pour ne pas les priver plus long-temps de l'*Histoire de la Vérité*, dont la suite paraîtra dans la feuille prochaine.

F. BON.

# PRÉFACE.

Quoique Dieu ait dit par le Prophéte Joël; dans les derniers temps, je répandrai mon esprit sur toute chair, vos fils et vos filles prophétiseront, vos jeunes gens auront des visions et vos vieillards auront des révélations en songe; quoique cela ait été répété par St. Pierre, actes des Apôtres, Chap. 2, vers 17, nous sommes dans un Siècle et dans un Pays ou personne ne le croira, si on ne lui donne les preuves les plus évidentes de l'accomplissement des Prophéties qui ont été révélées aux hommes des premiers temps, et je suis d'autant plus fondé à Croire à l'opiniâtre incrédulité de mes Contemporains, que St. Jean a dit aussi que le royaume de la Bête deviendroit ténébreux; apocalypse, Chap. 16, vers. 10, et que Jésus-Christ a manifesté du doute, si le fils de l'homme quand il viendra, trouvera encore de la foi sur la terre, St. Luc Chap. 18 vers. 8.

Daprés une aussi défavorable disposition des esprits, il n'y a que la force de la vérité elle même qui puisse convaincre les hommes, du prétendu Siècle des Lumières que tous leurs philosophes éclaireurs, n'y voyoient pas plus clair qu'eux et que tous leurs raisonnemens sophistiques tombent d'eux mêmes et ne sont plus de saison.

Mon histoire que je ne crains pas de publier, ne fût-ce

que pour expier mes péchés par la confession que j'en
fais, sera un sujet de raillerie pour les incrédules et les
impies qui, contestant à Dieu le pouvoir de faire des Miracles, attribueront à quelque subtilité, ou au hazard, ou
à quelque phénomène de la nature le merveilleux qu'ils
y trouveront, et ils ne manqueront pas de signaler les
fautes de style, de grammaire et de versification qu'il
peut y avoir, pour prouver que j'étois mal inspiré,
comme si le Saint-Esprit devoit se conformer aux règles
des hommes et leur sacrifier souvent la raison et la vérité
pour sauver la rime; mais aussi combien ne serai-je pas
dédommagé, si elle peut servir à réchauffer la foi dans
le cœur de ceux où elle n'est que attiédie et les ramener
à la Religion Catholique et Apostolique. Les événemens
de ma vie antérieurs au 29 septembre 1820, ne présen-
tent rien que d'ordinaire, détachés de ceux postérieurs à
Cette heureuse époque, cependant ils pourront servir de
leçon à bien des jeunes gens pour leur éviter de tomber
dans les mêmes fautes, et on y découvrira déjà les premiers fils de la toile sur laquelle doit être peint le panorama des desseins, voies et moyens de Dieu sur le plus
petit des hommes, pour qu'ils glorifient son nom et sa
miséricorde.

De la diversité des états que j'ai exercés, on ne
manquera pas de me taxer d'inconstance et d'inconsé-
quence, et comme j'ai été le jouet, par ma bonne-foi,
des circonstances variées de la révolution, on ne verra
pas que la providence, a sans doute voulu me faire connoître les hommes dans toutes les classes de la société,
pour pouvoir mieux les juger : je confesse cependant que
les connoissances que j'y ai acquises sont bien superfi-
cielles, celles que j'ambitionne le plus et que je recherche
davantage, depuis le mois de février 1821, sont dans les
Saintes écritures, convaincu que je suis que les hommes
ne peuvent être heureux dans cette vie et dans l'autre,
qu'en suivant la morale et la doctrine de notre Seigneur
Jésus-Christ dont la Religion est à la veille de devenir
universelle, par la conviction que tous les peuples acquer-
ront, qu'elle découle d'une source divine, et en effet qui-

est-ce qui se refusera de croire à sa Divinité quand on aura vu ou qu'on verra s'accomplir, à la lettre, toutes les prophéties tant anciennes que nouvelles.

Le temps est passé de soumettre la parole de Dieu aux vaines interprétations et aux faux raisonnemens d'une aveugle scholastique; il se sert de tout pour abattre l'orgueil des hommes, il abaisse les grands et élève les petits; aussi ne doit-on pas être étonné quand après avoir vu tomber presqu'en même temps, Napoléon Bonaparte et Caroline de Brunswick, du haut de leur grandeur, dans l'étang de feu et de soufre, on verra presqu'immédiatement après, s'élever du sein du malheur et de l'obscurité, un homme ignoré et ignorant, mais franc et fidèle à qui Dieu a fait la grâce de le choisir pour rendre témoignage à sa toute puissance, par l'interprétation juste et exacte, confirmée par l'accomplissement des Prophéties dont il n'auroit jamais pu expliquer le véritable sens, sans une effusion abondante des lumières du Saint-Esprit.

Quel encouragement à la conversion, pour tous les pécheurs, que ce choix qui signale en même temps toute l'étendue de sa miséricorde, puisqu'il ne dédaigne pas de se servir d'un grand coupable repentant, qu'il a rappelé à la grâce, en l'éclairant Puisse le Saint-Esprit dissiper de même les ténèbres répendues sur tout l'univers et en le créant de nouveau, renouveller la face de la terre, afin que nous jouissions paisiblement des douceurs du règne de Dieu qui va commencer comme son fils nous la promis et comme il nous a enseigné à le demander à Notre Père : que votre nom soit sanctifié, que votre Règne arrive Seigneur, Ainsi soit-il.

# AVIS.

Pour épargner, aux personnes qui désireroient se procurer Mon ouvrage, la peine de s'informer et de rechercher quand les feuilles subséquentes paroîtront, je les préviens quelles seront envoyées, exactement et franc de port, à celles qui souscriront à mon domicile, rue Mauconseil, n. 3, moyennant la somme de 5 fr. et 6 fr. pour les Départemens; en les réunissant elles formeront un volume de 18 feuilles ou de 288 pages, comme je semble l'indiquer, dans mon affiche, par l'échelle de Jacob que j'y ai figurée, en haut de laquelle, étant parvenues, elles verront à découvert la cité de Dieu, la Jérusalem Céleste, qui n'est pas aussi éloignée qu'on se l'imagine.

Le bureau sera ouvert depuis 9 heures jusqu'à 3, dimanches et fêtes exceptées.

# DITHYRAMBE

*Sur les tremblemens de terre qui ont eu lieu derniè-
rement à Lyon et dans les environs.*

Les hauts Monts ont tremblé, le Maître du Tonnerre
Vient de consolider les bases de la Terre,
Où doivent s'élever les beaux Murs de Sion,
Dans un lieu consacré par son affection :
Il est un Sinaï, aux sources de la Loire
Qui changera son nom contre celui de gloire,
Où de Jérusalem descendante du Ciel,
S'élève dans les airs l'Aiguille Saint-Michel,
Dont la pointe éguisée semble percer la nue,
A l'œil observateur qui ne l'a jamais vue;
C'est-là que fût jadis l'héritage de Job,
Il lui sera rendu vers le puy de Jacob,
Et pour que vers le Ciel, non plus, rien ne le borne,
C'est-là que Dieu posa, de l'univers, la borne.
Voulant donc qu'à jamais on glorifiat son nom,
Dieu vit, par ce haut fait, que ce la seroit bon.

# HISTOIRE

# DE LA VÉRITÉ.

(Sortie du fond du puits, écrite par elle-même.)

Amicus Plato magis amica veritas.

DÉMOCRITE.

Je suis né au Puy en Velay, Département de la Haute-Loire, Le 30 décembre 1761, sixième enfant d'un Patriarche, descendu du Mont-Blanc avec trente livres que lui donna sa mère, pour faire son tour de France, en lui disant : Souviens-toi bien que notre Seigneur Jésus-Christ n'a été vendu que trente deniers et ces trente livres te profiteront; je dis Patriarche, parceque semblable à Abraham, à Isaac et à Jacob, il a eu une grande postérité, puisqu'il a donné le jour à dix fils et à dix filles, dont neuf sont morts à différens âges plus ou moins avancés et onze existent encore, desquels je suis actuellement le frère ainé; à une si grande fécondité il joignoit d'ailleurs toutes les vertus et qualités religieuses et sociales qui distinguèrent nos premiers Pères.

Présumant sans doute que ma franchise égaleroit la sienne, il me fit baptiser sous le nom de François qui par la cabale syllabique Gauloise signifie sois franc; j'avois à peine atteint ma quatrième année, qu'un préssentiment

de mon goût pour les choses célestes me porta un jour à
la Cime du rocher de Saint Michel, avec un couteau,
pour percer le Ciel, afin d'y voir Dieu et les Anges dont
on me racontoit tous les jours les merveilles.

Élevé comme mes frères aînés, je fis mes études au
collège Royal de notre ville, et j'étais à quatorze ans
en philosophie; pressentant sans doute aussi que j'aurois beaucoup à me plaindre de la mauvaise foi et de
l'injustice des hommes, je voulus me retirer dans la so-
litude pour y vivre en anachorète; et à cet effet, pendant deux jours des vacances de ma quatrième à ma troisième classe, je fus avec un marteau de maçon. commencer a creuser une grotte dans un rocher au bas duquel
mon ayeule maternelle avoit une vigne, mais des am-
poules qui me vinrent aux mains, m'ayant forcé de suspendre mon travail, j'abandonnai mon projet. Quand
j'eus fini mes basses classes je voulus me faire chartreux,
mais mon père s'y opposa.

Ma mémoire plus que mon jugement ayant fait jus-
que là tous les frais de mon instruction, je sentis en faisant ma logique, que j'étais trop jeune encore pour approfondir les règles et les lois de la morale, de la physique et de la méthaphysique; en conséquence de cette
connoissance de mon incapacité, et d'un desir qui com-
mençoit à naître en moi de parcourir le monde, je demandai à mon père qui voyageait avec mon frère aîné,
pour vendre les blondes et dentelles de sa fabrique, de
me laisser voyager avec eux, il y consentit espérant bien
se dédomager des frais que je lui occasionnerois de plus,
par une augmentation d'affaires. C'est pour quoi il joi-
gnit à ses dentelles les rubans de S.-Etienne et de S.-
Chamond, fabriques très renommées à onze et treize
lieues de Puy.

Après avoir fait quelques voyages avec eux, un desir
insurmontable de servir le Roi s'empara de moi, pour
le satisfaire, je m'engageai à Lyon à l'âge de dix-huit
ans, dans le régiment des chasseurs des Alpes, qui étoit
alors le premier régiment de chasseurs à cheval, que je
fus rejoindre au Neuf-Brisac en Alsace; au bout de neuf

mois dégoûté du service, par deux querelles injustes que me cherchèrent deux de mes camarades, et, dont je me tirai avec honneur suivant les militaires, par les vexations de quelques sous-officiers plus arrogans que mon capitaine, et par l'oisiveté dans laquelle j'étois obligé de passer le temps que me laissoient de reste l'exercice et l'équitation, *je* sollicitai de mon père, la grâce de me racheter mon congé; elle me fut accordée presqu'aussitôt, car deux mois après, moyennant 25 louis qu'il fit remettre à mon colonel, je recouvrai ma liberté à Sarguemines, et vins revoir avec plaisir mes Dieux pénates. Mon père me reçut d'abord avec un air sévère, et après m'avoir fait bien envisager l'inconstance de ma conduite, il me tendit les bras et me reçut comme l'enfant prodigue; je lui promis dès ce moment, de me livrer entièrement à ses affaires et je lui tins parole, puisque de tous ses fils, je suis resté le seul fidèle et successeur à son commerce qu'il me céda long-temps après, moyennant des engagemens que j'ai fort bien rempli, et dont j'ai les quittances libératives.

Me voilà donc rentré dans les affaires de commerce et dans les voyages à 19 ans. Plusieurs années s'écoulent, pendant lesquelles travaillant avec la plus grande ardeur, j'aide mon père à augmenter considérablement sa fortune, qui n'eut pas acquis un si grand accroissement, s'il s'étoit borné à ses dentelles et à ses rubans; mais en homme sage et prévoyant, il avait soin, chaque fois que son épouse lui donnoit un enfant de plus, d'ajouter à son commerce un article de plus; ce qui fit que de S.-Étienne et S.-Chamond, où nous achetions nos rubans, nous vînmes à Lyon, acheter successivement toutes sortes de soieries que nous vendions à toutes les marchandes de modes de la Bourgogne, Champagne et Picardie; d'ailleurs, mes autres frères commençant à grandir, il fallait bien leur procurer de l'occupation.

Nous étions alors en 1788, nous faisions une tournée tous les six mois dans le Boulonnois, province où les Anglais venoient faire bonne chère et en même temps économiser; il n'y avoit pas de jour que nous ne nous trouvassions à manger à table d'hôte avec quelques uns de ces insulaires, à qui, deux ou trois fois nous entendîmes reprocher par d'autres voyageurs, d'avoir fait mourir leur Roi et leur Reine; ils paraissoient se faire une grande violence, et tout en godemmatisant, ils sembloient dire entre leurs dents : faisons en faire autant aux Français, on ne nous reprochera plus rien. En effet, l'année suivante nous ne cessions de rencontrer d'Amiens à Calais, des chevaux superbes, des voitures et équipages magnifiques et des meutes de chiens très nombreuses; nous étions loin de soupçonner qu'ils nous eussent gardés tant de chiens de leurs chiennes, d'avoir aussi soutenu les Américains contre eux.

Arrive la prise de la Bastille ou le commencement de la révolution; héritiers de la bonne foi savoyarde de notre père, nous voyons tous, car nous étions déjà trois qui voyagions avec lui, nous voyons tous dis-je, avec plaisir, toutes les réformes des abus et toutes les améliorations que les premiers meneurs de la révolution nous promettoient pour le bonheur général, continuellement assujetis aux visites importunes des employés aux douanes à l'entrée pour ainsi-dire de chaque ville de l'intérieur, je demande à mon lecteur si nous dûmes être bien contens quand ils furent relégués aux frontières; ce seul acte du gouvernement d'alors, dût nous faire naître la plus grande confiance en lui, aussi la lui accordâmes-nous toute entière; il crée des assignats; trouvant un portefeuille plus léger qu'un coffre fort que nous étions obligés de décharger tous les jours de notre voiture, nous admirons l'heureuse idée d'avoir fait des espèces de lettres de change, qui ne devoient ni s'endosser, ni se protester, ni péricliter en aucune manière, si tout le monde avoit été d'aussi bonne foi que nous; nous la trouvons si belle qu'en revenant d'un de nos voyages, nous échangeons en passant à Troyes, dans une maison de commerce, sans aucun bénéfice, mille louis en or que nous avions, contre des assignats, pour les porter à Lyon et au Puy comme une curiosité; messieurs les Lyonnais d'alors, qui savoient aussi bien compter que ceux d'aujourd'hui, ne parurent pas très-contens de notre nouveau mode de payement, et ne nous dissimulèrent pas qu'ils auroient préféré des espèces.

Nos affaires alloient le mieux du monde, à quelques petites banqueroutes près que nous faisoient de temps en temps quelques marchandes de modes, qui, en devenant vieilles et cessant d'être jolies, cessoient aussi leurs payemens, lorsque le maudit agiotage s'avisa de venir déprécier nos assignats, pensant que ce ne serait qu'une crise momentanée, nous nous contentâmes de regarder comme des mauvais citoyens ceux qui vouloient nous vendre leurs marchandises, tant en argent ou tant en papier; nous qui étions bons patriotes, nous ne faisions à nos acheteurs aucune différence de l'une avec l'autre manière, aussi vendions nous beaucoup, mais en assignats.

Un quatrième frère étant venu dans ce temps-là, augmenter le nombre des voyageurs de notre père, qui avoit abandonné les voyages pour se reposer au sein de sa famille, nous pensâmes que pour l'intérêt de notre commerce qui allait toujours croissant, il étoit indispensable que nous créassions un établissement en forme de dépôt au centre de nos affaires; nous choisîmes à cet effet Reims, qui indépendamment de sa position topographique centrale de nos tournées, étoit pour nous la ville la plus importante par ses foires, auxquelles se rendoient presque tous nos correspondans de trente lieues à la ronde. Mon frère l'aîné étant marié au Puy, ce fut moi qui fus désigné pour tenir la maison de Reims, et comme une maison sans femme ne signifie pas grand chose, on me conseilla de me marier. Parmi les partis que l'on me cita comme pouvant me convenir, il se trouva une demoiselle dont le père apprêteur d'étoffes, étoit aussi trésorier de la société populaire, sa mère la conduisant presque tous les jours au club, je fus au club, la première fois pour la voir, elle me plût, je me fis recevoir jacobin, et l'occasion d'aller payer à son père, ma réception ou quelque cotisation, me procura le prétexte de ma première entrée dans la maison; je fis part à ses parens du projet que j'avois formé de m'établir, et quelques jours après je leur demandai leur demoiselle en mariage qui me fut accordée au bout de six mois avec vingt mille francs en assignats, qui perdoient déjà 50 p. 0/0.

Dans cet intervalle, deux de mes jeunes frères s'étant engagés dans l'armée du Nord, mon père m'abandonna totalement le commerce ainsi qu'à l'autre de mes frères qui était resté avec moi. Les parens de ma future voyant que j'alois devenir chef d'une bonne maison, se décidèrent à conclure notre alliance, et je me mariai le 7 frimaire an 2 de la République; je fus le dernier marié par un prêtre à l'église, car le lendemain elles furent toutes fermées; et la Cathédrale ne se rouvrit quelques temps après, que sous le nom de Temple de la Raison, sur le frontispice duquel on mit en gros caractères cette inscription : Le peuple Français reconnoit l'Etre Suprême et l'immortalité de l'âme. C'étoit là que se rassembloient tous les décadi, tous les filous en troupe, qui venoient invoquer le père de l'univers pour qu'il changeat l'ordre merveilleux qu'il avoit établi contre le nouvel ordre Républicain; et malheureusement leurs vœux ne furent que trop bien exaucés, car de ce nouvel ordre, dérivèrent la guerre, la famine, les dénonciations, les massacres en masse, les assassinats juridiques et enfin le régicide ou plutôt le déicide; car ils n'ignoroient pas que les Rois sont les représentants de Dieu, pour régir les hommes sur la terre; mais voulant s'élever à leur place, il fallait bien qu'ils les renversassent.

Au bout d'un an de mon mariage, mon frère qui était resté associé avec moi voulant me quitter pour travailler seul pour son propre compte, nous nous séparames à l'amiable, et je restai chargé de la liquidation de la société. Depuis le départ de nos jeunes frères nous avions déjà concentré nos affaires à Reims et nous ne faisions plus que quelques petites tournées, cependant je faisois tous les six mois le voyage de Lyon pour mes achats, et je le faisois en poste; étant parti un jour de Reims avec un portefeuille bien garni à cet effet, j'arrivai à Troyes où je m'arrêtai pour dîner. Prêt à remonter dans ma chaise, un marchand de vins des Riçais me fit demander si je voulais lui céder une place auprès de moi jusqu'à Bar-sur-Seine; sur les bons renseignemens que me donna de ce particulier le maître de poste lui-même, j'y consentis volontiers, arrivés à Bar, le maître de poste me dit qu'il ne pouvait me donner des chevaux, qu'il avait donné sa démission, et que presque tous ses confrères jus'qués à Lyon en avaient fait autant; me voila bien dans l'embarras, ne sachant comment faire, le négociant avec qui j'étais m'engagea fort honnêtement à venir passer la nuit chez lui aux Riçais, disant qu'elle porterait réflexion, comme il n'y avait que deux lieues de là, je cédai à ses instances et je fus parfaitement bien reçu dans sa famille. Le lendemain en déjeûnant, après avoir bien supputé tous les désagrémens que j'alois avoir en route, je suivis le conseil qu'il me donna, d'employer mes assignats à acheter des vins; j'en achète en effet 250 pièces tant à lui qu'à d'autres vignerons, et m'en retourne à Rheims, pour faire disposer des caves et des celliers pour recevoir un si grand chargement. J'arrive comme un jaloux au grand étonnement de mon épouse et de ses parens, et, pour les rassurer, je leur raconte ce qui m'est arrivé. Je fus le bien revenu, et fis de commun accord avec mon beau père, tous les préparatifs nécessaires pour recevoir mes vins. Ils arrivèrent comme un convoi, on auroit dit que j'avois mis en réquisition toutes les voitures de la Bourgogne, pour amener tous leurs vins dans la Champagne. Mon beau père qui étoit un des fins gourmés du pays, après les avoir dégusté, trouva que j'avois fait une bonne affaire; et en effet, elle eût été fort bonne si je n'avois pas eu la bonhomie de vendre mes vins à six mois de terme, à tous ceux qui me demandèrent à en acheter; il vint exprès des marchands de Charleville, de Givet, de Cambrai, de Valenciennes, qui m'eûrent bientôt tout enlevé, mais malheureusement, les assignats perdant tous les jours de leur valeur, avec le montant de ceux que je reçus au bout de six mois, je n'aurois pas eu la moitié des vins que j'avois vendu.          (*Incessament la Suite.*)

IMPRIMERIE DE HOCQUET.

Ayant changé en grande partie la nature de mon commerce par des échanges, et n'ayant pas été à Lyon depuis un an, il est évident que je devois être bien désassorti en soieries; je pars cependant pour mes achats, lesquels étant terminés, je commence à m'apercevoir, à la vérité un peu tard, que bien loin d'avoir gagné, j'avois perdu les trois quarts de ma fortune, car après avoir employé une masse considérable d'assignats, je ne ramenai que neuf malles de soieries, du montant de trente-six que j'en avois lors de mon établissement à Reims; mes yeux se trouvant désillés par ce mécompte sur les assignats, qui alloient de jour en jour perdans de plus en plus de leur valeur, je cherchai dans mon imagination un remède pour arrêter un si grand mal : je crus en avoir trouvé un, et après l'avoir développé dans un mémoire que j'intitulai : *Les Finances de la France relevées par la méfiance*, je le remis au représentant du peuple Massieu, qui passât dans nos murs, revenant de l'armée avec un de ses collègues, pour retourner à Paris; peu de temps après, on démonétisa bien les assignats, comme je le demandais; mais on trouva qu'il serait plus facile de ne pas les rembourser du tout, que de les rembourser suivant le mode que j'indiquois; à la vérité le plan de finances que j'avois formé était plutôt fait pour l'âge d'or que pour l'âge de fer où nous étions ( je le donnerai un jour à mes lecteurs ). Cependant si j'avois voulu suivre les conseils que l'on me donnoit, j'aurois encore pu sauver ma fortune, en achetant des biens nationaux, mais ma conscience s'y opposa toujours.

Le numéraire ayant remplacé les assignats, je me remis à voyager; mon épouse m'avoit déjà donné deux petites filles, et elle nourrissoit la dernière comme elle avoit nourri la première. N'ayant sans doute pas la poitrine assez forte pour remplir ce devoir de mère, elle fut obligée de la sevrer au bout d'un mois ou deux. Le médecin ayant déclaré qu'elle avait les poumons affectés, j'eus le malheur de la perdre le 28 messidor an 5, à l'âge de 21 ans.

Je chargeai du soin de mes enfans ma sœur Madelaine, qui avoit été obligée de se réfugier à Reims, pour se soustraire au serment que l'on vouloit exiger d'elle au Puy, en sa qualité de religieuse; ma belle-mère l'ayant prise en grippe, me conseilla de me remarier : il est vrai que je ne pouvois guère m'en dispenser, ayant deux enfans, une maison de commerce, et étant obligé de voyager de temps en temps. Je jetai mes vues sur une demoiselle de Charleville, fille d'un honnête marchand avec qui je faisais des affaires, et qui avait, comme moi, perdu presque toute sa fortune par la chute des assignats. Desirant vivre en bonne intelligence avec les parents de ma première épouse, je leur demandai leur agrément sur le choix que je me proposois de faire ; ils parurent si satisfaits, qu'étant parti peu de temps après pour aller terminer cette affaire à Charleville, ils me firent accompagner par l'ainé des deux frères de ma défunte, et qu'à notre retour, ils donnèrent aux deux familles réunies un beau repas. Nous vivions dans le meilleur accord ; ma belle-mère venait presque tous les jours à la maison pour voir ses petits-enfans, et paraissoit enchantée des soins que leur donnoit ma nouvelle épouse. Un jour que nous étions ensemble dans le magasin, il vint un marchand des environs, avec qui je faisois des affaires, qui ne connaissant pas ma belle-mère, me fit compliment, en sa présence, de mon nouveau choix, qui, dit-il, surpassoit le premier par la beauté. Qu'est-ce que c'est que des faiblesses humaines ? Ce propos galant excita la jalousie de ma belle-mère, au point que l'amitié qu'elle paroissoit nous porter se changea en haine implacable. Ne venant plus à la maison, je lui envoyais mes enfans tous les jeudis et dimanches. Une vieille servante qu'elle avait, aussi méchante que la servante à Pilate, en me les ramenant, les faisait toujours pleurer le long des rues, soit en les contrariant, soit même en les pinçant, et lorsqu'on lui demandoit ce qu'avoient ces enfans, elle répondoit aux questionneuses : *qu'ils ne vouloient pas retourner chez leur marâtre* ; d'autres fois elle leur achetoit des fruits, des gâteaux et avoit toujours soin de dire aux marchandes : *pauvres enfans ! on les laisse mourir de faim !* Enfin, comme elle venait presque tous les jours à la maison, elle rendait compte à sa maîtresse, non-seulement de tout ce qui s'y faisoit, mais encore de ce qui ne s'y faisoit pas.

La valeur de mon magasin étant diminuée, comme je

l'ai dit plus haut, des trois quarts, et n'ayant plus assez de fonds pour continuer le commerce en gros, je m'imaginai que si j'ouvrois une boutique de détail, je ferois merveille, étant connu pour tirer directement de fabrique toutes mes marchandises, et surtout devant être secondé par ma nouvelle épouse, qui avoit été élevée dans le commerce en détail. Pour favoriser même cette spéculation, et être à portée de fournir ma boutique de tout ce qu'il y auroit de plus nouveau en modes, je formai le projet d'établir une voiture à quatre places, qui devoit faire le voyage de Reims à Paris en seize heures, et revenir de même de Paris à Reims dans le même espace de temps : croyant avoir bien pesé le pour et le contre de ces deux projets, je me déterminai à les mettre à exécution ; je loue une maison dans une des rues les plus commerçantes, et j'y ouvre une très-jolie boutique : j'achète une très-bonne chaise de poste à quatre places, et dix-sept chevaux bien vigoureux et bien choisis, que j'établis en relais sur huit points différens de la route, et j'arpente le chemin de Reims à Paris et de Paris à Reims plus vite que le courrier ; tout le monde trouvoit ma voiture extrêmement commode, mais malheureusement j'avois un concurrent entrepreneur avant moi d'une méchante guinguette, qui faisoit le voyage de Reims à Paris en deux jours, il s'entendit avec quelques uns des maîtres ou garçons d'auberge où nous logions ensemble nos chevaux, et des clous furent enfoncés dans les pieds des miens pour les rendre boiteux, et des petits fossets de futailles, mis dans les panneaux des sellettes de mes limonniers, pour les dégaroter ; d'un autre côté, j'avois à faire à des postillons infidèles qui composoient avec les voyageurs qu'ils pouvoient s'exempter de porter sur leur feuille, et qui me frustroient de la moitié de la recette : enfin, convaincu de ces différens abus, je me hâtai bien vite de vendre mes chevaux et ma voiture, et il m'en coûta un millier d'écus, pour apprendre à quel degré de méchanceté, les hommes peuvent être portés par l'envie et la cupidité.

Cependant mon nouvel établissement en détail ne paroissoit pas non plus très-bien s'achalander ; je perdis d'emblée la pratique de tous les Marchands de la ville que je fournissois, et les dames qui avoient des comptes ouverts chez leurs marchandes de modes, ne les quittèrent pas pour venir m'apporter leur argent comptant ; réduit à un très-petit casuel, je végétai ainsi jusqu'à la fin de l'an huit, et ennuyé de faire un aussi petit commerce, moi qui avois coutume de faire de grandes affaires, je m'imaginai qu'avec les connoissances que j'avois dans les départemens, j'en ferois de très-bonnes à Paris dans la commission en marchandises ; bien décidé à quitter une ville qui m'avoit été si fatale, je cherchai à me défaire de mon fonds, mais celui à qui je cédai le bail de ma maison, n'ayant voulu s'arranger que de ma partie de rubannerie, je partis pour la capitale avec le restant de mes marchandise et un bon mobilier. Quant à mes enfans, mon beau-père me fit sommer par devant le juge de paix de les lui laisser, s'offrant de les nourrir, entretenir et élever à ses frais.

J'arrivai à Paris vers le milieu de brumaire an 9, je descendis au Lion d'argent, rue Bourg-l'Abbé, et n'y restai que le temps nécessaire pour faire arranger un appartement, que je pris rue St-Denis, en face de la sellette rouge, le prix n'en étant pas très-élevé (car il n'étoit que de cent écus, mais aussi il n'y avoit que les quatre murs dans chaque pièce). Je proposai au propriétaire, s'il vouloit me faire un bail de six ans, de le faire tapisser et blanchir à neuf, et d'y faire faire des placards et des armoires pour mettre mes marchandises, vû qu'il n'y en avoit pas une seule ; sur la réponse qu'il me fit et que je crus sincère, que sa parole valoit mieux qu'un écrit, nous nous en tînmes à nos conventions verbales, et j'y fis pour cinq cents francs de réparations ; à l'expiration du premier terme, mon homme, dont la parole valloit mieux qu'un écrit, me dit qu'on lui offroit cinq cents francs de mon appartement, et que si je voulois y mettre ce prix, il me donneroit la préférence ; j'eus beau le sommer de sa parole d'honneur, il me répondit qu'il valoit mieux se dédire que se détruire ; que tout ce qu'il pouvoit faire pour moi étoit de me tenir compte de cent francs sur les cinquante écus que je lui devrois pour les premiers six mois, au bout duquel terme, je lui abandonnerois l'appartement dans le bon état où je l'avois fait mettre, et en même temps il me fit donner congé par huissier.

Si j'avois été pour déménager de suite, j'aurois tout arraché et tout démoli, tant j'étois outré de colère, mais les trois mois qui s'écoulèrent calmèrent petit à petit mon humeur, et pensant que cent francs valoient mieux que des papiers déchirés et des boiseries démolies, en remettant cinquante francs à mon propriétaire, je restai quitte avec lui, et abandonnai pour jamais sa maison.

Je pris un autre appartement rue St-Denis, chez un marchand de soies, en face du grand Cerf, et je continuai là mon commerce de commission avec mes correspondans des départemens, à qui j'avois eu soin d'adresser une circulaire, pour leur faire mes offres de service; je m'étois déjà fait aussi une petite clientelle parmi les marchandes de modes de Paris, à qui je vendois des crêpes, des satins, des taffetas, et voyant avec plaisir que je commençois à refaire des affaires, je partis pour Lyon, pour y acheter de première main des marchandises que j'étois obligé d'acheter à Paris, de seconde, et qui ne me donnoient pas grand bénéfice; je n'avois emporté avec moi qu'une centaine de louis espèce; mais j'espérois obtenir du crédit dans les maisons où j'avois coutume d'acheter; point du tout : ayant eu la franchise de leur dire que j'avois perdu presque toute ma fortune, je ne trouvai plus que des gens froids et peu empressés de me vendre; j'avois cependant acheté depuis deux jours que j'étois à Lyon pour environ 6,000 fr. de marchandises, partie au comptant et partie à terme, lorsque je reçus une lettre de mon épouse, qui m'annonçoit que la nuit du surlendemain de mon départ de Paris, les voleurs s'étant introduits dans notre magasin, qui étoit séparé de notre appartement par l'escalier commun de la maison, nous avoient enlevé toutes nos marchandises; frappé comme d'un coup de foudre de ce malheur inattendu, je suspends mes achats; j'emballe ce que j'avois acheté, et je repars aussitôt pour Paris, où étant arrivé, mon épouse me fit part des démarches qu'elle avoit faites infructueusement à la police, pour découvrir les voleurs. Absorbé de chagrin, et étant souvent accoudé sur une de mes croisées, d'où, pour distraire mon ennui, je regardois machinalement passer le monde, mes yeux se portoient, pour ainsi dire malgré moi, sur le tableau des

tirages de la loterie d'un bureau qui étoit presqu'en face de
chez moi. Je ne sais quel démon me fit remarquer qu'il
sortoit souvent deux numéros de la même dixaine ou de
la même finale. Si je pouvois deviner, me disois-je en moi-
même, dans quelle dixaine ou finale il doit y avoir un
ambe, j'aurois bientôt réparé mes malheurs; eh! insensé
que j'étois! je ne me doutois guère, quand je faisois ces
réflexions, du précipice où j'allois m'engouffrer et en pré-
cipiter d'autres; j'apprends que l'on vendoit des petits livres
qui contenoient tous les tirages de la loterie depuis son établissement; j'en achète un et me mets à le compulser pour
m'assurer du retard le plus long de mes deux combinaisons,
et m'étant convaincu qu'il faudroit beaucoup plus de fonds
que je n'en avois pour les actionner, mon espérance se
trouva déçue de ce côté là; mais ayant aussi remarqué
dans le recencement que je venois de faire que les numéros 36 39, et 63 faisoient souvent ambe ensemble; j'en fis
l'analyse séparément, et je vis que leur plus long retard
pour l'ambe avoit été depuis le 78 jusqu'au 207 tirage, ce
qui faisoit 131 tirages, et qu'ils avaient même donné le terne
au 32e tirage de la loterie de France; ayant ensuite exa-
miné depuis quand ils n'avoient pas donné l'ambe, je vis
qu'il y avoit déjà 110 tirages, et que parconséquent, ils
n'étaient guère qu'à 20 ou 21 tirages de leur limite; en-
chanté de cette découverte, je la communiquai à mon
épouse, qui acheva de me persuader de la jouer pour tâcher
de récupérer notre fortune; mais bien différent de beaucoup de gens qui veulent tout avoir pour eux, et qui
craignent même que les autres ne leur portent malheur,
il me vint l'idée de la publier pour en faire profiter les
pauvres actionnaires, qui sont si souvent victimes, sans
m'inquiéter si l'administration auroit assez de fonds pour
payer tout le monde; en conséquence je fais un travail
figurant la marche de mon jeu par extrait, ambe et terne,
depuis l'origine de la loterie jusqu'à l'époque où nous étions;
je l'augmente de plusieurs progressions pour jouer l'extrait
et l'ambe, rapportant plus ou moins de bénéfice, suivant
l'ambition et les facultés des actionnaires, je dépense cinq
cents francs pour faire imprimer mon ouvrage, que je fais
tirer au nombre de 500 exemplaires, en forme de cahier in-

quarto, j'en fais le dépôt à la Bibliothèque Nationale, le 4 pluviôse an 11, et je l'annonce à tout Paris, par une grande affiche que je fis placarder sur tous les coins de la capitale, sous le titre de : *Jeu des trois Rois Mages*, parce que j'en avois fait la découverte le jour même des Rois. Étant encore dans le commerce, et ne voulant pas que mon nom parût dans une spéculation aléatoire, je donnai mon adresse sous celui de mon épouse, et fixai à 3 fr. le prix de mon ouvrage.

Le produit que j'en tirai ne m'enrichit pas plus que les dépenses que j'avois faites dans mon premier logement : ce fut encore 500 fr. de sacrifiés, car je n'en vendis que trois exemplaires. Un certain, soi-disant directeur de la société des mathématiciens des loteries de France, ayant vu mon annonce, m'en fit acheter un exemplaire en-dessous main, et après avoir fait imprimer un petit tableau des 90 nombres, en trois colonnes de 30 numéros chacune, parmi lesquels il avoit remarqué d'une astérisque mes trois numéros 36, 39 et 63 ; il annonça, par une contre affiche, les 90 Rois Mages pour un franc, disant que les trois miens étoient le pont aux ânes : je dédaignai de répliquer à ses sottises, et me consolai dans l'espérance que la fortune me vengeroit.

Cependant je ne manquois pas un seul tirage de Paris sans jouer mon jeu par extrait, ambe et terne, en augmentant progressivement mes mises. Deux mois après, je déménageai encore pour prendre un appartement meilleur marché, et vins me loger rue de la Grande-Truanderie, au coin de celle St-Denis, au troisième. Il n'y avoit guère que deux mois que nous y étions, que mon épouse, affectée des chagrins que lui causoient tous nos malheurs, tomba malade d'une fièvre compliquée ; son chirurgien-accoucheur prétendit qu'elle était poitrinaire, et la traita en conséquence : voyant cependant que son état empiroit, il demanda une consultation de deux médecins, et les convoca pour le lendemain 14 messidor. Après s'être bien consultés ensemble, ils la condamnèrent unanimement, et me dirent que c'étoit une femme perdue ; absorbé de chagrins, je ne pensois plus qu'au nouveau malheur dont j'étois menacé. Je passe la nuit à la veiller et ne la perds pas un instant de vue; cependant vers les neuf heures du matin du 15, m'étant jeté sur mon lit pour me reposer un peu, je fus réveillé vers les onze heures par le son d'une musique bruyante; je me mets à la croisée pour voir ce que c'étoit, oh! coup de foudre inattendu! je vois 36, 39 et 63 sur la pancarte du bureau auprès de St.-Leu St.-Gilles, et j'entends le héraut de la loterie proclamer qu'il y a eu plus de deux cents ternes de gagnés. O double malheur! ayant oublié de faire ma mise la veille : je perds ma fortune et peut-être mon épouse dans le même jour; je m'approche d'elle, elle étoit dans le délire. Je lui raconte le sujet de mon désespoir : elle se met à me sourire, en me disant qu'elle l'a faite, de chercher sous son traversin, que je trouverois le billet. Hélas! j'eus beau chercher, je ne trouvai rien : je questionnai la garde, qui ne sut ce que je voulois lui dire.

Cependant que fait le soidisant directeur de la société des mathématiciens des loteries ? il affiche un démenti à sa première annonce par laquelle il qualifioit mon jeu d* *Pont aux ânes*, et se vante d'avoir fait gagner plus de deux cents ternes à ceux qui ont acheté son tableau des 90 Rois Mages : faut-il avoir du front! Mais abandonnons un sujet aussi dégoûtant pour revenir à un plus cher. Quelqu'un me conseilla de faire appeler M. Jeannet. Ce médecin, savant et désintéressé, vint voir mon épouse, et après m'avoir demandé ce qu'on lui avoit donné jusqu'alors, il fit jeter par la fenêtre locs et potions, et supprimer un vésicatoire qu'on lui avoit appliqué derrière le col; il ordonna en même temps du bouillon de poulet, de l'eau de cerises pressées et de l'orangeade, et vint la voir tous les deux jours très-assidument; bref, il vint à bout de la sauver, après 90 jours de délire, qui dura même les 15 premiers jours de sa convalescence, tant la violence de la fièvre avoit affoibli son physique et son moral.

Je ne puis cependant passer sous silence deux scènes bien terribles, que j'eus pendant cette douloureuse maladie, avec un huissier du cloître St-Méry et deux de ses recors. Je devois environ 400 fr. à une marchande de rubans de St-Etienne, qui demeuroit à Paris, rue St-Denis, en face du marché des Innocens; ne pouvant la payer, elle obtint contre moi un jugement au tribunal de commerce, et l'huissier envoya deux recors pour me saisir. Je les mène à l'entrée de l'alcove où étoit couchée mon épouse, et la découvrant, je leur dis : saisissez ! Ils furent saisis eux-mêmes d'une telle terreur en voyant ce squelette, qu'ils se sauvèrent comme si la mort les eût poursuivis. Cependant voulant tranquilliser ma créancière, je lui portai pour environ 1,000 fr. de reconnaissances du mont-de-piété, qu'elle accepta comme garantie de ce que je lui devois ; le lendemain, l'huissier vint lui-même me les rapporter, disant qu'il ne pouvoit se contenter de cela ; qu'il lui falloit de l'argent, sinon qu'il alloit continuer les poursuites. Indigné de ce que, au lieu de conciliateur, il se déclaroit agent provocateur entre le créancier et son débiteur. Je le menaçai de le dénoncer au président du tribunal de commerce, et le saisissant au collet d'un bras roidi par la colère, je le jetai à la porte de mon appartement et n'en entendis plus parler. Peu de temps après, quelques fonds m'étant rentré, je fus retirer mes reconnoissances de chez ma créancière, qui me les rendit sans lui tenir compte d'un sol de frais.

Dégoûté des affaires de commerce et encouragé par le succès de mes combinaisons sur la loterie, il me vint l'idée de faire un journal, présentant aux actionnaires l'état de situation des chances, de chaque roue particulièrement, et combinées entre elles comme n'en formant qu'une seule, je fis imprimer les six premiers numéros par un imprimeur, rue Galande ; mais voyant que le nombre de mes abonnés ne s'élevoit pas à cent, et que j'aurois de la peine à subvenir à balancer les frais, je me décidai à acheter une presse et des caractères, et je le composai et l'imprimai moi-même sans avoir jamais eu de l'art typographique d'autres notions que ce que j'avois remarqué chez mon imprimeur.

Le soi-disant directeur de la société des mathématiciens n'eut pas plutôt connaissance de mon journal, qu'il s'empara de toutes mes combinaisons et même de mon titre : *Panorama de la Fortune*, mais ayant porté plainte au ministre de la justice, il lui fut ordonné de le supprimer : quant à mes combinaisons ou autres tableaux aléatoires, il ne m'a jamais été possible de l'empêcher de me piller. Parmi tous ses plagiats, celui qui m'a été le plus sensible, après mon jeu des trois Rois Mages, a été la contrefaçon de deux grands tableaux in-folio grand raisin, que j'avois nommé *quotiante* et *quotiambe*, de *quoties ante* et *quoties ambo*, qui désignoient combien de fois chaque numéro étoit sorti immédiatement avant et avec chacun des 89 autres. Je l'attaquai en police correctionnelle, où il fut condamné deux fois en domages et intérêts envers moi ; mais ayant fait appel au tribunal criminel, nous fumes renvoyés dos à dos sur le considéré vague et arbitraire de M. le procureur-impérial, qui prétendit que personne ne pouvant maîtriser le hasard, les ouvrages sur cette matière ne devoient pas être considérés comme une propriété littéraire ; indigné de cette partialité, et mes moyens ne me permettant pas de consigner une amande assez forte pour faire appel en cassation, je portai plainte au ministre de la justice, en lui disant que sans doute en martingalant mon procès de tribunal en tribunal, j'aurois fini par le gagner en dernier ressort, et que pour prouver à M. le procureur-impérial que le hasard n'étoit qu'un mot vide de sens, inventé pour masquer notre ignorance, je lui prédisois que le numéro 59, sorti au dernier tirage de Paris, répéteroit immédiatement le tirage suivant, ce qui ne manqua pas d'arriver, comme on peut s'en convaincre en cherchant dans le livre des tirages ceux des 5 et 15 février 1805, indication qui m'étoit donnée précisément par mon quotiante. M'étant présenté aussitôt aux bureaux du ministère, le secrétaire, étonné de ce succès, se contenta de me dire qu'il étoit fâcheux que j'eusse laissé passer les jours de délai pour faire appel au tribunal de cassation. Enfin, j'en fus encore pour 500 fr. de perte. Mon plagiaire, qui n'avoit eu que la peine de copier, donna pour 1 fr. mes tableaux, que je voulois vendre 3 fr., les vendit tous, et je n'en vendis qu'une demi-douzaine.

Cependant, je continuois à faire mon journal, le succès de mes combinaisons ayant sans doute excité la jalousie de l'administration, je fus très-étonné un jour de voir entrer chez moi le chef Roti ou grillé du contentieux, accompagné du commissaire de police et de deux mouchards, qui se mirent à faire perquisition dans tous mes papiers, disant que j'étois sans doute d'intelligence avec deux dames qu'ils venoient de saisir au-dessous de chez moi, qui tenoient un petit bureau de loterie clandestine, leur ayant assuré que non, et n'ayant rien trouvé dans mes papiers qui pût me faire accuser de ce délit, cela ne les empêcha pas de me conduire à la Préfecture de police, d'où, après avoir subi un interrogatoire et avoir été détenu trente-six heures, je fus transféré à la Force, où j'ai été incarcéré arbitrairement pendant cinq jours, au bout duquel temps ils me relachèrent.

Quelque temps après le receveur du bureau 68, qui étoit abonné à mon journal, satisfait du succès de mes combinaisons, me proposa de lui gérer son bureau, aux conditions que nous partagerions la remise de 6 p. % que lui allouoit l'administration, et que je lui donnerois un cautionnement de 6,000 fr., qui étoit moitié de celui qu'il avoit versé lui-même à la caisse d'amortissement. Un cousin de mon épouse, qui possédoit à Montreuil, près Vincennes, quelques terres et une maison où il demeuroit, me voyant dans l'impossibilité de réaliser cette somme, m'offrit de me laisser prendre inscription sur son bien, si je pouvois me procurer de l'argent sur hypothèque, me priant seulement d'emprunter 7,000 fr. au lieu de 6,000 ayant besoin lui-même de 1,000 fr. Je ne tardai pas en effet à trouver un prêteur, qui me remit cette somme moyennant 12 p. % d'intérêt par an, et j'entrai associé pour quatre ans au bureau 68.

Continuant mon journal, lorsque mes abonnés surent que j'étois gérant d'un bureau, ils vinrent en grande partie faire leurs mises chez moi, et je ne tardai pas à doubler, même à tripler la recette ordinaire du bureau. Mon antagoniste profita adroitement de cela pour me faire perdre mes abonnés parmi les receveurs de Paris, en excitant leur jalousie, disant que je leur enlevois leurs actionnaires, cependant je ne perdis que les plus jaloux.

Il y avoit déjà trois ans que j'étois au bureau, et je faisois faire de si bonnes affaires à mes actionnaires, que je fus une fois sept mois et demi sans verser un sol à l'administration, au contraire, elle me remit dans cet espace de temps 80,000 fr. en sus de ma recette : il n'en falloit pas tant pour réveiller sa jalousie ; elle fit appeler mon titulaire et lui demanda ce que c'étoit que cet homme qui géroit son bureau; que si tous étoient comme le sien, le gouvernement n'auroit rien de mieux à faire que de supprimer la loterie, et qu'il falloit qu'il me mît à la porte. Sur l'observation que lui fit mon titulaire, qu'il avoit un traité de société de passé avec moi, et qu'il y avoit encore un an à s'écouler avant son expiration; elle lui répliqua qu'au bout de ce terme, il devoit sentir ce qu'il devoit faire. Mon titulaire étant venu me rendre compte de cela, je me transportai aussitôt à l'administration, où ayant trouvé Tabeau, Carteau et Astaroth, je leur demandai qu'ils me donnassent une place dans leurs bureaux administratifs, si je leur portois ombrage dans une recette. Tabeau me répondit qu'ils avoient des surnuméraires qui leur étoient recommandés par des maréchaux d'empire et par des sénateurs, qu'ils ne pouvoient pas mettre en pied faute de places vacantes, et que n'ayant aucune recommandation, je ne prétendois sans doute pas avoir la préférence. Je lui répliquai alors, laissez-moi donc dans celle que j'occupe. Poussé à bout, il finit par me dire que mon titulaire étoit un indiscret; qu'ils n'avoient rien à démêler avec moi, et que je les laissasse tranquilles. Je m'en revins à la maison, où ayant rendu compte à mon associé de la scène que je venois d'avoir, il me fit entendre qu'il ne pourroit guère se roidir contre l'administration, et en effet, à l'expiration de notre société, pendant laquelle j'ai fait 1,200,000 fr. de recette; dégoûté en outre par quelques pertes que nous firent éprouver deux ou trois de nos actionnaires à qui nous avions fait quelques avances, il ne voulut pas la renouveler.

Me trouvant réduit par la perte de ma place, à mon Journal, auquel il ne me restoit plus qu'une soixantaine d'abonnés, par la défection des receveurs qui m'avoient quittés, je le cédai à mon antagoniste, moyennant une rente de 500 fr. qu'il s'engagea de me payer pendant toute ma vie et celle de mon épouse, tant que la loterie existeroit, ou qu'il ne s'établiroit pas d'autre journal que le sien. J'acceptai une place de Voyageur de commerce qui me fut offerte par un de mes compatriotes demeurant à Paris, qui faisoit le commerce des dentelles de Flandres. Après avoir voyagé pour lui pendant deux ans dans tout le midi de la France, il me dit un jour en foire de Clermont, où il venoit me joindre tous les trois mois, qu'il étoit dégoûté des affaires, et qu'il vouloit opérer la liquidation de son commerce : nous revînmes donc à Paris, où il m'occupa pendant quelque temps à tenir ses écritures.

Arrive l'époque du 20 mars : un pressentiment des maux qu'alloit attirer sur la France le retour de l'usurpateur, enflamme mon courage. J'offre au roi mes services, et je m'enrôle un des premiers de mon arrondissement dans les volontaires royaux. Ayant servi comme je l'ai dit au commencement, dans les chasseurs à cheval, je demande à entrer dans la cavalerie, et je suis admis dans les dragons, que devoit commander M. de La Tour de Maubourg. Je me rends à Vincennes : je prête serment comme les autres volontaires, entre les mains de M. de Vioménil, et je reçois l'ordre de départ pour le surlendemain ; mais arrivés à Vincennes, on nous annonça que le Roi étoit parti dans la nuit, et qu'il nous remercioit de notre bonne volonté, ce dont je fus bien fâché ; car si j'avois été incorporé dans quelque régiment, nouveau David, j'aurois tué le nouveau Goliath.

Quelque temps après, revenant de voir ma sœur la religieuse, rue de Piepus, où elle demeuroit, elle m'accompagnoit jusqu'à Paris, où elle avoit quelques affaires, en entrant sur le boulevard St-Antoine, nous apercevons toutes les allées remplies de troupes, qui, avec leur musique et leurs tambours exécutoient l'air : *Napoléon est empereur, v'là c'que c'est qu'd'avoir du cœur !* Les malheureux ! dis-je à ma sœur, ils font bien les fanfarons ; ils ne se doutent guère qu'ils vont être exterminés ! ils ont violé leur serment ! Je ne croyois pas si bien deviner. En effet, quelques jours après eut lieu la bataille de Waterloo.

Le Roi étant rentré, mon épouse lui présenta un placet par lequel je lui demandois de l'emploi dans sa maison civile ou militaire ; il fut renvoyé au ministre de la guerre, qui me fit répondre qu'on s'occuperoit de moi, lors de la formation de l'armée ; mais au bout de quelques mois, voyant que je ne recevois aucune nouvelle, j'entrai teneur de livres chez un bijoutier fabricant, rue Michel-le-Comte, n° 13, où je suis resté quatre ans, *jusqu'à* la mi-février 1821, et d'où *je* ne suis sorti que pour remplir la mission à laquelle Dieu semble m'avoir prédestiné. Ce sont sans doute la patience et la résignation avec lesquelles *j'ai* supporté, depuis le commencement de la révolution, les malheurs et les peines qui m'ont accablé, qui m'ont fait trouver grâce devant lui, car *je* connais trop bien mon incapacité et mon peu de moyens, pour faire exécuter ses décrets, si *je* n'étais inspiré et éclairé par le Saint-Esprit, dont le *jour* de l'effusion des grandes lumières s'approche.

On ne cesse de vanter le siècle des lumières : pour compléter cette feuille et égayer un peu ses lecteurs de l'ennui qu'à pu leur causer le récit de la vie privée de la vérité, le Pauvre Michée va en faire l'apologie à sa manière, c'est-à-dire en vers, à la grosso-modo, sous le titre de :

## LES ÉCLAIREURS DU XIX<sup>me</sup> SIÈCLE

### AUX CHEVALIERS DE L'ÉTEIGNOIR.

Seroit-elle aveuglée la secte obscur-entière
Qui voudroit contester le progrès des lumières!
Au lieu de ces clartés de paille et de mélèze
Dont on éclairait l'âtre et chauffoit la fournaise,
N'avons-nous pas d'abord, en place de flambeaux,
Pour nous guider la nuit, inventé les fallots,
Auxquels ont succédé des lanternes de verre,
Qui furent remplacées par de clairs réverbères?
Dans nos appartemens, n'est-ce pas la magie
Qui ralongea le *jour* de chandelle et bougie?
Qu'y a-t-il de plus beau, pour se bien éclairer,
Qu'à double courant d'air tous ces brillants quinquets?
Après eux sont venus ces lampes merveilleuses,
Aspirant et foulant leur huile lumineuse,

Qui, perfectionnées, comme un beau sidéral,
Nous ont presqu'ébloui par l'éclat de l'astral.
En distillant le bois, le charbon, quoi d'aimable
Comme ces lampions, *jets* du gaz inflammable,
Dont le palais des pairs par son beau thermolampe,
Ainsi que l'Opéra, présente mille lampes ?
Dans les fêtes sacrées, qu'elle lumière égale
La clarté que répand la flamme du Bengale ?
Les vaisseaux manquent-ils de fanaux et de phares,
Les guidant sur les eaux crainte qu'ils ne s'égarent ?
Ne voit-on pas la nuit les heures à la Grève ?
Doit-on oublier les fusées à la Congrève ?
Et pour même imiter de Jupiter la foudre,
Par la chimie n'a-t-on pas inventé la poudre,
Dont la perfection, aussi vrai qu'étonnante,
Par la compression, l'a rendue fulminante ?
Enfin pour mieux mêcher tous ces lampadophores,
Sans pierre et amadou, n'a-t-on pas le phosphore,
Avec quoi, pour fonder l'empire des lumières,
On peut brûler sans bruit, les châteaux les chaumières.
C'est ainsi qu'à travers mille et mille incendies,
Nous verrons les enfers que nous aurons conquis.
Puisqu'on doit voir tomber les étoiles du ciel,
Et s'obscurcir la lune et noircir le soleil,
Avec tant de moyens dans le séjour funèbre,
Nous ne redoutons plus l'empire des ténèbres.


A propos du soleil, qui après être devenu rouge le 21 et 22 courant, pourroit bien devenir noir comme un sac de crin, le Pauvre Miché veut encore régaler ses lecteurs de la copie d'une lettre qu'il a écrite, le 23, au rédacteur en chef de la Quotidienne, pour l'inviter à faire connoître par son

Journal son opinion sur ce phénomène, qu'il semble attribuer à quelque tremblement de terre, comme celui qui a eu lieu il y a quarante ans dans la Calabre.

---

*LETTRE adressée à M. le Rédacteur en chef de la Quotidienne.*

MONSIEUR,

En raison du titre de votre journal, que vous avez emprunté chrétiennement de l'oraison dominicale, j'avois conçu pour vous une tendre affection, que *je* vous ai témoignée bien des fois, par des confidences et des communications que vous paroissiez approuver, et dont cependant *je* n'ai jamais pu obtenir de vous la plus petite publication. Éclairé par votre silence obstiné, *je* ne puis que conclure que non-seulement vous êtes sourd et aveugle, mais encore muet, ou bien que vous êtes du nombre de ceux, comme il y en a tant, qui se disent Juifs et qui ne le sont pas.

Il se présente aujourd'hui une circonstance dans laquelle il faut que vous vous prononciez ouvertement: vous avez inséré dans votre feuille de ce *jour*, un article concernant le signe de rougeur extraordinaire qui a paru avant-hier 21 dans le soleil, moi *je* lui attribue une toute autre cause que *je* vous somme de désigner dans votre prochain numéro, sous peine de déformation, c'est-à-dire qu'au lieu de raisonner Soulier, vous raisonnez Savatte; et voici le résumé de mes observations au sujet de ce phénomène, qui n'est pas le résultat d'un tremblement de terre comme celui de la Calabre, mais bien le signe certain de la mort d'un grand personnage; tournez dans ce sens-là un article comme vous le jugerez à propos, et dites que cela vous a été prédit par le prophète Michée, sinon il insère copie de la présente dans sa prochaine feuille.

Paris, le 23 mai 1822.

*(La feuille prochaine contiendra la première manifestation de la grâce sur le pauvre Michée, plusieurs de ses visions, etc.*

Que vos merveilles sont grandes! Seigneur!

IMPRIMERIE DE NOUZOU.

# PROFESSION DE FOI DU PAUVRE MICHÉE.

Depuis un mois que j'ai paru dans le monde religieux, littéraire et politique, je me suis présenté sous des trais mystérieux, équivoques et originaux, qui, laissant les esprits dans l'incertitude, ont empêché bien des gens de se prononcer sur mon caractère, au point qu'aucun publiciste ( le *Miroir* seul excepté, qui, dans un article intitulé : *de la construction des phrases*, m'a qualifié de *mosaïque* ), n'a osé ramasser le gand. Je sais que, sous le rapport religieux, les uns me traitent de capucin, de pénitent, de fanatique, d'autres prétendent que je suis agent soudoyé des missionnaires, du clergé, ou de la police, et tous se trompent, car je ne tiens ma mission que de Dieu ; sous le rapport littéraire, mon style, ma prose, ma poésie, doivent faire hausser les épaules, et causer des crispations aux érudits et aux puristes, dont un peut être sur mille, mais que m'importe à moi, si je fais plaisir à 999 esprits moyens ou petits, qui distingueront dans mes écrits une facture simple, bourgeoise, commerciale, instructive morale, et amusante ; sous le rapport politique (c'est là où l'on m'attend, car c'est la la pierre de touche ), de quelle couleur êtes vous ? me demande-t-on , c'est-à-dire, êtes vous libéral ? êtes vous royaliste? moi je réponds, je suis l'un et l'autre , et même je suis de trois partis, car je suis reli-héra-liste, c'est-à-dire, religieux, libéral et royaliste, ou pour mieux me prononcer, je suis bonipartiste, c'est-à-dire , du parti des bons et non du parti des biens, puisque je suis pauvre; ensuite je déclare que je n'aime l'excès en rien , tout ce qui outre-passe les bornes de la modération me déplaît ; indépendamment des trois vertus théologales : la foi, l'espérance et la charité, que l'on m'a prêché au catéchisme, dans ma jeunesse, on m'a encore enseigné qu'il y avoit quatre vertus cardinales : la force, la justice, la prudence et la tempérance, et si tous les hommes possédoient ces sept dons du St.-Esprit , tout le monde seroit heureux, et Dieu serait glorifié universellement, seul but pour lequel nous sommes sur la terre.

D'après cette profession de foi , on doit voir que je cherche à justifier mon épigraphe, réticence prophétique du grand apôtre des Gentils, *tantùm ut qui tenet nunc teneat donec de medio fiat* subauditur *Lux.* Ce qui signifie, que celui qui tient présentement, tienne seulement jusqu'à ce que du millieu soit faite, sous entendue, la lumière ; ou bien pour ne plus rien laisser de mystérieux à deviner dans ces paroles, que celui qui tient présentement, c'est-à-dire, que St.-Pierre, ou sa génération, ou sa succession, qui tient les clefs de l'église, les tienne et les conserve seulement jusqu'à ce que du *milieu* sorte la lumière, c'est-à-dire, d'une classe moyenne, comme le commerce, par exemple. Ce vœu de l'apôtre s'est accompli jusqu'à nos jours, pour la conservation de la religion chrétienne ; mais la barque à St. Pierre est si fatiguée par la tempête, qu'elle est prête à couler bas, si la lumière ne luit pas bientôt, pour dissiper les brouillards amoncelés par les orages, qui l'ont tant agitée depuis sa mise à flot, Elle a déjà perdu

> *RRE*, de son nom, bonne moitié finale,
>
> Il ne reste que *PIE*, moitié initiale,
>
> Qui pour un grand péché sera même *expiée*.

## Première manifestation de la grâce.

La nuit du 28 au 29 septembre 1820, après avoir été visité par St.-Michel, comme je l'ai dit page 13, étant plongé dans un sommeil tranquille, je fus réveillé entre quatre et cinq heures du matin, par un bruit sourd semblable à la détonation d'un coup de canon tiré dans le lointain, un second coup ayant succédé au premier, je pensai aussitôt que son Altesse royale Madame la duchesse de Berry étoit accouchée, et me rappelant sa vision miraculeuse et la mienne, il me prit une palpitation de cœur, qui fut suivie d'un torrent de larmes, aussitôt que j'eus compté le premier des coups de canons de plus qu'on avoit dit qu'on tireroit si c'étoit un prince : je ne saurois exprimer la douceur des larmes qui m'inondèrent dans mon lit pendant un quart d'heure, qu'en les qualifiant *d'avant goût des délices du paradis.* Bien satisfait d'apprendre dans la matinée que l'auguste mère et son précieux enfant se portoient très-bien, le souvenir amer de la mort funeste de l'époux et du père, qui auroit été si content ce jour-là, vint troubler la satisfaction de mon âme émue, et m'inspira l'idée mélancolique et religieuse, du projet de monument que j'ai fait litographier depuis à la mémoire de l'illustre victime. Les trois vertus théologales, qui figurent sur le premier plan, m'ayant rappelé les premiers préceptes de la religion catholique, me ramenèrent à un retour sur ma vie passée, et m'étant souvenu que j'avois fait un journal sur la loterie, j'en éprouvai un si grand regret, vu le mal dont je pouvois avoir été la cause, que depuis ce moment, pour rassurer ma conscience, je ne cessai de chercher un moyen de le compenser par quelque bonne action.

Étant teneur de livres, comme je l'ai dit plus haut, j'avois imaginé, depuis quelque temps, une méthode pour tenir les écritures à partie simple et à parties doubles, par le moyen de tableaux en colonnes, qui enseignait cette science, pour ainsi dire en une leçon; l'idée m'étant venue de l'appliquer à la comptabilité domestique afin de la mettre à la portée de tout le monde, il me vint aussi celle d'affecter le produit de ma découverte, qui me sembloit devoir être adoptée généralement, à fonder un hospice pour les domestiques, je fus même voir deux ou trois fois une belle et grande maison, en pierres de taille, qui étoit à vendre Faubourg St.-Denis, près Saint-Lazare, qui m'auroit bien convenu, mais le défaut de fonds m'empêchant de l'acheter, je voulus former une société de capitalistes intéressés, par actions de mille francs, ou bien ouvrir une souscription; j'étois dans l'incertitude du parti que je prendrois, lorsque la nuit du 31 janvier au 1er. février 1821, j'eus une vision, qui me fit découvrir et espérer en moi, les choses les plus merveilleuses et les plus extraordinaires.

## Première vision.

Je vis, comme dans un tableau magique, au fond d'un salon, contre un grande glace, une femme presque nue, tenant d'une main un miroir, en forme d'écran, et de l'autre me faisant signe d'approcher; son air peiné et suppliant ayant excité ma pitié, je m'approchai d'elle et lui demandai ce qu'elle désiroit de moi, elle me répondit: Je suis la vérité mythologique, j'ai suffi pendant long-temps pour éclairer les hommes et les rendre heureux, mais depuis quelque temps ils sont dévenus si méchans qu'ils ne veulent plus ni me voir ni m'entendre ; voyez comme ils m'ont fardée , comme ils m'ont mutilée , dans quel état de maigreur ils m'ont réduite , moi qui étois fraîche et belle, comme la fille du ciel; c'en est fait de moi, mon règne est passé , et le vôtre va commencer, c'est vous qui devez me succèder , il faut aux hommes de ce siècle une vérité mâle , qui par sa fermeté les rappelle à leurs devoirs.

Hélas! triste Vérité, lui répondis-je, que vous me connoissez mal en vous adressant à moi , qui suis simple et timide , sans ambition, qui ai été victime toute ma vie de la mauvaise foi et de l'injustice des hommes, d'ailleurs de quels droits , de quels titres , pourrois-je me prévaloir pour me faire reconnaître ?

Vous en avez plus que vous ne pensez, me repliqua-t-elle, c'est aujourd'hui le premier jour d'un mois, où il a été commis, l'année dernière , un grand crime , proposez le projet de monument expiatoire que vous avez conçu, changez la destination du produit de la découverte que vous avez faite , pour la tenue des livres , et affectez - le au profit des pauvres et des hospices , indépendamment de la publicité que vous lui donnerez , le destin la proclamera, et elle sera adoptée partout où elle sera connue : lisez et commentez la Bible et le Nouveau Testament , vous vous reconnaîtrez dans biens des passages , surtout dans l'Apocalypse de Saint-Jean , vous interprèterez facilement tout ce qui est présent et futur : le passé sera en grande partie voilé pour vous, vous n'en avez que faire , excepté dans le nouveau Testament, dont vous revivifierez la doctrine, et s'il faut des preuves matérielles de votre mission , montrez l'intérieur de votre cuisse , vous pourrez aussi vous réclamer de votre pays natal ; enfin ayant cessé de parler , je voulus, en lui prenant la main, la remercier de la bonne opinion qu'elle avoit de moi ; mais je ne l'eus pas plutôt touchée qu'elle tomba en mille morceaux , et ces morceaux se trouvèrent de cire; aussitôt j'entendis sonner deux heures à ma pendule , et je réveillai mon épouse à qui je racontai de suite tout ce que je venois de voir et d'entendre.

Cependant , je fus bien en peine, toute la journée suivante, de savoir ce que la Vérité avoit voulu me dire, par ces paroles: le destin proclamera votre découverte, montrez l'intérieur de votre cuisse, vous pourrez vous réclamer de votre pays natal;

enfin je me souvins, que j'avois lu quelque part, que la Vérité étoit cachée au fond d'un puits ; et en effet, je ne sais si c'est un jeu de mot, un énigme, ou une prédiction, mais le nom de mon pays, le Puy, auroit expliqué de suite le mystère, si j'avois eu assez de présomption, dans le moment, pour croire que cela avait été dit pour moi.

## Seconde vision.

La nuit suivante, je fus ravi en esprit dans le paradis, où je vis autour d'un nuage blanc, formé par la fumée de l'encens que l'on bruloit dans des cassollettes, les anges, les archanges, les chérubins, les séraphins et tous les esprits bienheureux, qui composent la milice céleste, chantants les louanges de Dieu, que je ne pouvois voir ; m'étant adressé à un ange, pour lui en demander la raison, il me répondit, que je ne pourrois jouir de la vue de Dieu, tant que mon âme seroit attachée à mon corps ; jetant ensuite les yeux au-dessous de moi, je vis la terre à travers d'un grand miroir de cristal poli, qui s'obscurcissoit de temps en temps, par une fumée noire, qui montoit d'au-dessus du globe terrestre, et en en ayant demandé la cause à l'ange, il me dit que c'étoit les âmes des damnés, qui étoient brulées continuellement dans cet enfer, par les rayons de la gloire de Dieu, qui se réfractoient, en traversant ce miroir, que les hommes appellent soleil ; ayant ensuite aperçu un grand miroir nébuleux, je lui demandai ce que c'étoit, il me répondit, qu'il réfléchissoit la chaleur et la lumière de l'autre, qu'au-dessous de lui étoit le purgatoire, et que ce miroir étoit ce que les hommes appellent la lune : ma pendule ayant encore, dans ce moment, sonné deux heures, je fus réveillé en sursaut, et me trouvai en pleine transpiration, comme si j'avois été au mois de juillet.

## Troisième vision.

La troisième nuit je m'élevai dans les nues, par le moyen de mes bras, que j'agitois comme des ailes, et parcourant l'espace infini des airs, j'aperçus une grande mapemonde,

sur deux points de laquelle, je vis des armées considérables
se faisant la guerre, et m'étant orienté, je reconnus facilement, l'Italie, l'Espagne et le Portugal ; aussitôt j'entendis
une forte voix qui me dit : autant il en arrivera à tous les
peuples qui voudront dicter des lois à leurs souverains, et
dans ce moment, ma pendule ayant encore sonné deux
heures, il me prit un tremblement, comme dans un grand
accès de fièvre, en réfléchissant à la régularité de l'heure à laquelle j'étois réveillé exactement toutes les nuits, après mes
visions ; enfin préoccupé toute la matinée des malheurs qu'alloit entraîner après elle, la guerre qui se préparoit en Italie ;
il me vint l'inspiration suivante en vers, que je couchai sur
le papier en une demie-heure de temps :

Peuples, écoutez-moi, je suis la Vérité,
Qu'ici bas de long-temps vous n'avez écoutée,
Qui vient pour dissiper les ténèbres épaisses
De ce siècle éclairé que l'on vante sans cesse.
Sujets, avec vos rois soyez toujours d'accors ;
Rois, soyez toujours justes, vous serez toujours forts.
Peuples, obéissez, peuples, soyez soumis,
Aux ordres qui d'en haut par moi vous sont transmis.
Si Ponce-Pilate avoit su maintenir les lois,
Jésus ne fût pas mort sur l'arbre de la croix ;
Si Louis Seize avoit eu plus de fermeté,
Il n'eût pas par son peuple été décapité.
    *Rex regit et non regitur.*
Le Roi gouverne et n'est point gouverné.
Moïse, des hébreux, ne reçut aucuns droits ;
Sur le mont Sinaï, Dieu lui dicta ses lois.
Pût, cette vérité antique et toujours bonne,
Retentir à Madrid, à Naples, et à Lisbonne,
Avant que le canon, dernière raison des rois,
Ébranle l'univers pour la dernière fois,

Les laves du vésuve et les feux de l'etna ,
Seroient moins redoutables qu'un décret de **Laybach**;
Des glaçons enflamés lancés du fond du nord
Porteroient dans leurs champs le ravage et la mort
Mais . . . . . . . . . . . . . . . . . . . . . . . . . .
Pour parer tant de maux et de si grands revers,
Il existe pourtant un lieu dans l'univers,
Ou est l'arche sacrée, ou l'arche d'alliance,
Plusieurs rois ont juré d'en prendre la défense;
Cette arche est à paris, elle contient les lois
Qu'aux francs dicta Louis et de si bonne foi,
A ces lois épurées par les malheurs des temps
Que chacun se soumette, il en est encore temps,
Le grand législateur qui les fit aux français
Est du sang de vos rois, et vous les connoissez,
En adoptant ses lois, et la chose est facile,
Vous ne formerez plus qu'une même famille
De la soumission, la paix sera le prix,
C'est ce que je vous souhaite au nom du St esprit
Et du fils et du père, dont les noms renversés
Signifient qu'à jamais vous serez terrassés
Si vous n'obéissez.

Etonné de la facilité avec laquelle ces quarante vers étoient
découlés de ma plume, moi qui n'avois jamais appris à faire
des vers français , et qui n'avois jamais fait que quelques
mauvais couplets, je ne pus m'empêcher de commencer à
croire que je ne fusse destiné à quelque chose d'extraordinaire, et aussitôt prenant mon parti , je me décidai à mettre
à exécution et à publier ma méthode de tenue de livres à
partie simple et à parties doubles, et à en affecter le produit
au profit des pauvres et des hospices, comme la Vérité me
l'avoit conseillé.

Le lendemain, 4 février, je reçus une lettre de mon frère

( 56 )

Jean qui me confirma dans mon projet, par les larmes que son contenu me fit répendre ; se trouvant sans place depuis 18 mois, il me prioit de lui en procurer une à Paris ; oui, lui répondis-je, je t'en procurerai une, si une affaire que je vais entreprendre réussit ; dis à nos pauvres sœurs de prier Dieu pour son succès et j'améliorerai aussi leur sort.

Aussitôt je me mis à faire toutes mes dispositions, et je rédigeai le Prospectus suivant, pour publier ma découverte, que j'intitulai : *les Feuilles Ménagères, ou le denier de la veuve et de l'orpheline* ; parceque, en ayant fixé le prix à 3 fr. 65 centimes, en raison d'un centime par jour, je voulois nommer Mesdames les Duchesses d'Angoulême et de Berry, dispensatrices de la part des pauvres, et à cet effet, je rédigeai aussi l'acte suivant pour être passé par devant notaires :

## *PROSPECTUS.*

## SOUSCRIPTION DE FAMILLE,

### EN FAVEUR DES PAUVRES ET DES HOSPICES.

---

# LES FEUILLES MÉNAGÈRES,

### ou

## LE DENIER DE LA VEUVE ET DE L'ORPHELINE.

### *Conditions réciproques de la Souscription.*

DOIVENT MM. les Souscripteurs à la Direction des Feuilles Ménagères, AVOIR

| UNE COLLECTION DE | | EMPLOY DU PRODUIT. | |
|---|---|---|---|
| 365 Feuilletons quotidiens à 1 c..3 f. 65 c. | | Pour les pauvres............ 1 f. 20 c. | |
| 12 Feuilles mensuelles........0 00 | | Pour les Hospices........ 1 20 | |
| 1 Tableau Synoptique annuel..0 00 | | Pour les frais............ 1 20 | |
| L'instruction............0 00 | | Pour l'Auteur........... 5 | |
| 3-8 Tableaux  Total... 3 f. 65 c. | | Balance.....Total.. 3 f. 65 c. | |

Je dis trois cent soixante et dix-huit Tableaux économiques pour se rendre compte facilement et exactement, jour par jour, mois par mois, et année par année, des recettes et dépenses domestiques d'une maison, généralement et particulièrement pour chaque objet de sa consommation.

*Vous verrez, au succès des Feuilles Ménagères,*
*Que les petits ruisseaux font les grandes rivières.*

Parmi toutes les nouvelles et utiles institutions formées jusqu'à ce jour en France, pour garantir aux uns leur maison contre l'incendie, aux autres leur récolte contre la grêle, à ceux-ci, leur vaisseau contre le naufrage, à ceux-là, leur vieillesse contre l'indigence, on auroit de la peine à en trouver une qui se lie plus essentiellement à l'ordre et à l'économie domestique, à la morale et à la religion, par conséquent à l'intérêt particulier et général, que celle que j'ai imaginée et à laquelle toutes les classes de la société peuvent s'intéresser à peu de frais.

La tenue des livres à parties doubles, qui seule peut satisfaire le calculateur exact, par l'équation obligée de ses balances, a semblé n'être jusqu'à ce jour, que le privilége des négocians et des banquiers, et ceux qui l'ont professée ou qui en ont fait des traités élémentaires, nous ont présenté des méthodes si volumineuses et si scientifiques, que bien peu de personnes ont eu la patience et le courage de l'apprendre jusqu'à la fin. Par la mienne, qui parle aux yeux au lieu de parler à l'entendement ; j'ai vaincu toutes les difficultés de l'enseignement de cette science, et la mère de famille sera bien étonnée, lorsque, faisant, à la fin du mois, sur ses feuilles ménagères, l'addition des sommes qu'elle y aura inscrites chaque jour, tant en recette qu'en dépense, elle verra, par la balance qui s'y opère naturellement d'elle-même, qu'elle a appris, sans avoir eu la peine de l'étudier, la tenue de livres en parties doubles, n'ayant d'autre brouillard ou journal que ses feuilletons quotidiens ; d'autre extrait ou grand-livre que ses feuilles mensuelles ; d'autre inventaire ou bilan que son tableau synoptique annuel, sur lesquels elle n'a eu que des chiffres à poser.

L'entreprise que je vais faire étant par son importance, de la nature de celles qui exigent de grandes avances de fonds, tant pour l'achat d'une quantité considérable de papiers, que pour les frais d'impression qu'elle nécessitera, j'ai eu pour première idée, afin de me procurer de l'argent, de former une compagnie de capitalistes, intéressés par action de 1000 f., sur chacune desquelles je me serois fait allouer un bénéfice de convention , à titre de droit d'auteur ; mais une idée bien plus heureuse et honorable ( celle d'une souscription ), ayant succédé à la première, je me suis décidé pour celle-ci, pensant que tous les gens de bien me seconderont dans une si belle spéculation ; je ne doute même pas que d'après l'aperçu de l'emploi des fonds , que j'ai présenté dans le compte des conditions réciproques , le nombre des souscripteurs ne devienne si considérable , qu'aucune famille ne voudra qu'il soit dit qu'elle n'est pas abonnée aux Feuilles Ménagères.

Après l'exposé simple et clair que je viens de donner des avantages de ma découverte et de la pureté de mes intentions, auxquelles je donnerai, dans l'intervalle de l'ouverture à la clôture de la souscription , un plus ample développement , il me reste à présenter à MM. les souscripteurs, une garantie de l'emploi précité de leurs cotisations : pour les rassurer sur cet objet, je me propose de solliciter de Son Excellence Monseigneur le ministre de l'intérieur , et j'ose espérer qu'il ne me refusera pas, une circulaire à MM. les préfets de tous les départemens , afin de les inviter à faire ouvrir un registre dans toutes les administrations des hospices du royaume, pour recevoir les souscriptions.

Cette autorisation obtenue , une seconde annonce fixera les époques de l'ouverture et de la clôture de la souscription.

F. BON ,

*Teneur de livres , auteur et*
*ordonnateur des comptes*
*des Feuilles Ménagères,*
*rue Michel - le - Comte,*
*n. 18.*

## *Acte à passer par - devant Notaire.*

Au nom de la Sainte Trinité et sous les auspices de l'auguste Mère de Dieu-Donné , Duc de Bordeaux , et de l'héroïque fille du Roi martyr , en présence de MM. tels et tels , réunis en l'étude de M.ᵉ . . ., notaire , assisté de son collégue, moi soussigné , F. Bon , teneur de livres , demeurant rue Michel-le-Comte , n. 18 , à Paris , desirant seconder les vues bienfaisantes et l'inépuisable bonté envers les pauvres et les malheureux, de ces deux illustres princesses qu'on devroit considérer comme les deux bras de la Providence, déclare à tous ceux qu'il appartiendra, que je les choisis, nomme et reconnais pour être les dispensatrices du tiers produit de la spéculation que j'ai imaginée et entreprise, sous le nom de *Feuilles Ménagères ou le denier de la veuve et de l'orpheline;* que je lègue et donne la second tiers aux hospices qui voudront bien recevoir les souscriptions, et que je me réserve le troisième tiers, pour subvenir aux frais de cette charitable entreprise, que je mets sous la sauve-garde de la loi contre les contrefacteurs.

Désirant, en outre, perpétuer une si utile institution en faveur de l'humanité souffrante, je rends reversible la charge de grande aumônière dispensatrice du tiers des pauvres, sur toutes les princesses du sang, nées ou à naître, pour en disposer en faveur des malheureux qu'elles jugeront dignes de leurs secours.

Voulant aussi concourir à purifier, le 13 février, par une œuvre expiatoire de l'horrible forfait qui l'a souillé, et répandre un beaume consolateur sur les blessures faites au cœur des augustes veuve et orpheline et de toute la famille royale ; je désire que le présent acte leur soit notifié aussitôt après l'office qui sera célébré dans le château des Tuileries, le jour même de l'anniversaire de la mort de l'infortunée victime que toute la France regrette, et qu'à dater de ce jour, il soit ouvert un registe dans chaque administration des hospices du royaume, pour recevoir les souscriptions des personnes qui désireront se procurer mes Feuilles Ménagères.

Fait et passé, à Paris, le 6 février 1821.

Je fus aux Tuileries faire part de mon projet à M. le Duc de Polignac, premier écuyer de Monsieur frère du Roi, et l'engager à m'aider à le mettre à exécution, il me répondit, que n'ayant aucune relation avec le ministre de l'intérieur, il me conseilloit de m'adresser aux députés de notre pays, la Haute-Loire ; je fus voir M. Chabron de Solilhac, qui parut très-bien goûter mes intentions, et me remit au lendemain, pour lui soumettre les modèles manuscrits de mes Feuilles Ménagères. M'étant présenté chez lui le lendemain, il me fit dire, par son portier, qu'il ne pouvait me recevoir, que je visse ses collègues. Voyant que j'étois renvoyé d'Hérode à Caïfe et de Caïfe à Pilate, et que j'étois pressé par le 13 février qui approchait, je fus à la préfecture demander la permission de faire afficher le prospectus de ma souscription sur les murs de Paris, n'ayant pu l'obtenir, je le fis insérer dans les Petits-Affiches du 13 février; le 14, j'écrivis à Monseigneur le Cardinal archevêque l'épitre suivante :

Très-Haute Eminence et Seigneur,

Daignez me protéger et m'aider, en faveur du but de charité, que je me propose, à mettre à exécution le projet dont je joins ici le prospectus, extrait des Petites-Affiches qui l'ont publié hier, pour la première fois, en invitant le propriétaire ou rédacteur du journal intitulé *l'Ami du Roi et de la Religion*, à insérer dans sa feuille de samedi prochain, ladite annonce suivie de l'article manuscrit, que je lui ai remis hier, et dont je joins ici une copie, afin que votre Eminence veuille bien l'examiner, et y faire faire les corrections ou suppressions qu'elle jugeroit à propos dans sa haute sagesse, y devoir opérer; dans la pleine confiance que vous daignerez me faire accuser réception de la présente épitre et des deux pièces qui l'accompagnent, et que vous voudrez bien me fixer le jour le plus prochain pour aller me prosterner à vos genoux, afin d'obtenir votre sainte bénédiction, tant pour moi que pour mon entreprise, je reste le plus grand admirateur de vos très-hautes vertus, et en même temps la plus soumise des brebis dont la providence vous a confié le troupeau.

Paris, le 14 février 1821, jour aniversaire de la mort de monseigneur le Duc de Berry.

*La suite à la feuille prochaine.*

IMPRIMERIE DE NOUZOU.

*Copie de l'article remis à insérer dans l'Ami du Roi et de la Religion.*

Il a paru, dans les Petites-Affiches de mardi dernier, 13 février, jour anniversaire de l'assassinat de Monseigneur le Duc de Berry, la première annonce d'une souscription de famille, sous le titre de *Feuilles Ménagères, ou le denier de la veuve et de l'orpheline*, en faveur des pauvres et des hospices; pour faire croire à la pureté de ses intentions, l'auteur ne pouvoit d'abord faire choix d'un journal plus véridique et moins politique; cependant comme il a besoin que la renommée publie sa découverte, à laquelle il se propose de donner de bien plus amples développemens, il nous a fait l'honneur de nous choisir parmi ses cents bouches, pour publier les premiers, les divers avis qu'il aura à donner pour mettre son projet à exécution.

Indépendamment des vues élevées et en même temps désintéressées que nous avons cru remarquer dans ladite annonce, l'auteur, qui a choisi ce jour-là pour la publier, afin de rendre son hommage à la mémoire de Monseigneur le Duc de Berry, nous a donné la plus haute idée de l'esprit qui l'anime, par le plan qu'il nous a tracé d'un monument à élever à cette innocente victime, et dont voici le sujet allégorique :

Sur la même place où elle est tombée, ou à l'endroit que l'on jugeroit plus convenable, et sous le sarcophage qui est censé contenir ses restes précieux, on doit voir écrasés, par son poids, les sept péchés capitaux, sous la forme que leur a prêté la fiction, tandis qu'on verra sortir du même tombeau, à demi-ouvert, la Foi, l'Espérance et la Charité, les trois vertus distinctives de la religion chrétienne, et au-dessus d'elles s'élever le Temps au front chauve et aux cheveux blancs, qui ayant déposé sa faux et son sablier à ses pieds, semble s'être arrêté, pour aider le Génie du bien à faire toucher ensemble, autour du globe de l'univers, les deux bouts du cercle des révolutions, figuré par les Signes du Zodiaque, tandis que lui-même, par un croisement auxiliaire, se hâte de rapprocher la tête et la queue du serpent, qui marque que l'année est révolue ; au-dessus du globe on verra le Génie du mal, armé d'une mèche d'artillerie, cherchant à le faire éclater par une détonation semblable à celle qui a eu lieu récemment au château des Tuileries ; pour expliquer l'allusion, on mettra au milieu du globe cette inscription : *impuissant et dernier effort du Génie du mal, contre le Génie du bien, secondé par le Temps … et sur la surface latérale du* sarcophage, la plus en vue, on lira aussi l'hommage suivant :

AUX MANES DU DUC DE BERRY,

L'HUMANITÉ RECONNAISSANTE,

365 JOURS APRÈS SA MORT.

L'expression de sentiments aussi éminamment français, nous a fait naître des idées bien consolatrices d'un grand crime heureusement isolé, et pour adoucir l'amertume de nos regrets, disons, selon la doctrine de l'auteur du système des compensations, si le 13 février 1820 nous a signalé un grand scélérat, le 13 février 1821 nous a signalé un grand-homme de bien, et bientôt l'histoire dira avec vérité, la somme du bien fait en ce jour balance, et au-delà, la somme du mal, et la France est libre et heureuse à jamais sous le gouvernement paternel de son Roi légitime.

Mais vous ne vous dites pas de sottise, va-t-on me dire, qui est-ce qui ne sait pas que toutes les annonces de cette espèce, sont bénévolement rédigées par l'auteur, et non par le journaliste, qui souvent ne veut pas s'en donner la peine ?

Bref, je ne reçus ni réponse, ni bénédiction de Monseigneur l'Archevêque, ni ne vis d'annonce ou d'insertion dans l'*Ami du Roi et de la religion*.

Le 16 février, ayant reçu le *Tableau-Romain*, journal de la loterie, qui m'est envoyé gratuitement tous les dix jours par son éditeur, à qui je cédai le mien, je m'aperçus qu'il étoit sorti, le 12 février à Bordeaux, les numéros 3 et 65, reconnaissant aussitôt que c'étoit le prix de ma souscription, je me rappelai ce que m'avoit dit la Vérité, que le destin proclameroit ma découverte : frappé comme d'un trait de lumière, j'examine les derniers tirages des autres roues et je vois qu'il étoit sorti, le 9 février à Lyon, le numéro 30, nombre de la racine 3 et 78, expression de la qualité de mes

tableaux ; qu'il étoit sorti le 7 février à Strasbourg , le numéro 21 , nombre aussi de la racine 3 et 78 , même expression de la quantité de mes tableaux , que je désignois deux
fois en chiffres et en toutes lettres dans mon prospectus , et dont
la collection composée de 378 feuilles ou feuilletons coûtoit
3 francs 65 centimes ; enfin qu'il étoit sorti , le 1er. février à
Lille , le premier jour de mes visions , les numéros 13 et
65 , date de l'assassinat , désignée par une double expression , car 65 centimes font aussi 13 sols.

N'y ayant plus de doute pour moi , que ce ne fut l'accomplissement de ce que m'avoit prédit la Vérité , il ne me
restoit plus qu'un mystère à approfondir , celui de l'intérieur
de ma cuisse ; il faudroit donc , me disois-je , que l'on m'ou-
vrît la cuisse pour en voir l'intérieur ? je fus toute la journée
préoccupé de cette pensée , enfin lisant le soir l'Apocalypse ,
comme elle me l'avoit recommandé , frappé de l'analogie du
verset 16 du chapitre 19 , où il est dit , et il a écrit sur son vêtement et sur sa cuisse : *le Roi des Rois , le Seigneur des Seigneurs* ; quel ne fut pas mon étonnement , lorsque ayant
voulu voir si je n'avois pas quelque marque apparente sur ma
cuisse , je distinguai sur l'intérieur de la droite le mot *Rex* ,
en caractères très-saillants , formé par des nerfs ou des ar-
tères ?

Bien convaincu alors de la réalité de tout ce que m'avoit
dit la Vérité , j'éprouvai une espèce d'effroi de moi-même , et
m'étant rappelé mes autres visions , je me déterminai à faire
part à la Chambre des députés de mon inspiration pour prévenir la guerre de Naples , en conséquence , j'en fis une copie
que je roulai en forme de cylindre enveloppé et scellé mysté-
rieusement , avec cette suscription : *Prenez et lisez haut,
ne doit être caché tout ce qui vient d'en haut* , et le 17 février ,
m'étant transporté à la Chambre , je la lançai du haut de la
tribune où j'étois , sans être vu de personne , et elle alla tomber
auprès du banc des ministres , où un inspecteur la ramassa et
la porta au président , qui l'ayant décachetée , la lut tout bas
et la mit sous d'autres papiers , qu'il y avoit sur son bureau ;
une heure après , la Chambre s'étant formée en comité secret
et ayant fait évacuer les tribunes , je fus obligé de sortir
comme les autres et je n'ai jamais su si le président en avoit
fait part à la Chambre ou non.

Le 19 février, voyant que les journaux ne parloient pas de mon inspiration, j'en fis une seconde copie, que je fus porter au Roi, au château des Thuileries; mais une haute montagne s'étant opposée au passage de la Vérité, je me contentai de la déclamer au milieu des vallées, pensant que quelque écho la porteroit aux oreilles du Roi; je déposai aussi au pied du haut mont douze épreuves d'un dessin que j'avois fait graver à la fin de l'année de l'évacuation du territoire français, représentant une allégorie intitulée *Balance de l'année* 1818, dont voici le sujet :

Sous un beau soleil radieux, au quart entouré par en bas, de cette inscription numismatique, *galliæ*, *sol redux*, *reduce rege*, on voyoit une grande balance parfaitement en équilibre, maintenue par les doigts entrelacés d'une bonne-foi, dont les plateaux profonds terminés en corne d'abondance, contenoient des épis de blé, des raisins et toute sorte de fruits, des branches de laurier, d'olivier et de lis, au milieu desquelles on voyoit dans l'un des bassins, en chiffre romain $XVIII =$ et dans l'autre $XIV \neq IV$; c'est-à-dire dix-huit égale quatorze, plus quatre; au-dessous du fléau entre les cordages de la balance, on lisoit les vers ci-après :

Français, pour être heureux il n'est pas d'autre chance,

Soyez toujours d'accord comme cette balance;

De votre Roi Louis analysez l'honneur,

Vous trouverez en lui l'équation bonheur;

Il vous a délivrés des troupes étrangères,

Il ne veut que régner sur un peuple de frères,

Et de Louis le Grand, de l'immortel Henry,

Retraçant les vertus, les sciècles et l'esprit,

Ralliant les partis sous la même bannière,

Du commerce et des arts il rouvre la carrière;

Mais sans allégorie, en ce rapprochement,

On peut trouver encore un très-juste argument,

De la guerre la paix, de la paix l'abondance,

Du passé, du présent, l'avenir de la France.

Enfin, au-dessus du fléau, à droite et à gauche du Soleil, on lisoit aussi :

| | |
|---|---|
| Calcul et règle | De l'addition |
| Mathématico-politique | Sans soustraction ni division |
| Des Français. | Naît la multiplication. |

J'ignore si mon inspiration et mon dessin ont été présentés au Roi, tout ce que je sus peu de temps après, c'est que la guerre de Naples eut lieu, et qu'heureusement elle fut bientôt terminée.

Ma santé se trouvant un peu altérée par un rhume assez fort dont j'étois attaqué depuis quelque jours, je gardai la chambre tout le restant de février, pour me soigner et ne m'occupai qu'à lire l'Ancien et le Nouveau Testament; mais combien de choses merveilleuses et extraordinaires n'y découvris-je pas ?

Le 3 mars, j'adressai à Son Excellence Monseigneur le ministre de l'Intérieur la pétition ci-après :

Monseigneur,

Désirant affecter au profit de l'humanité une découverte que j'ai faite dans l'art de tenir les livres à partie simple et à parties doubles, je l'ai publiée la première fois le 13 février dernier, par la voie des Petites-Affiches, afin de rendre mon hommage à la mémoire de Monseigneur le duc de Berry, et d'adoucir l'amertume des regrets de toute la France, par l'annonce d'une bonne institution en faveur des pauvres et des hospices; ma découverte ne se bornera pas à enseigner facilement à tenir en règle les écritures, elle établira l'ordre et l'économie dans les ménages, elle sera surtout pour toutes les familles une leçon de morale et de charité chrétienne, qui doit relever l'éclat de la royauté et de la religion, et qui deviendra elle-même catholique; l'extrait ci-joint du texte littéral de mon annonce dans les Petites-Affiches, vous donnera les premières notions du but de mon entreprise; mes tableaux eux-même, dont je m'occupe de faire composer et imprimer les modèles, achèveront de vous convaincre de leur utilité ; daignez donc Monseigneur me fixer un jour et une heure où je puisse les soumettre à votre examen ; leur avantage une fois reconnu, j'ose me flatter que vous ne me refuserez pas la circulaire que j'annonce par mon prospectus, devoir solliciter de votre Excellence, afin d'inviter MM. les Préfets à faire ouvrir un registre dans chaque administration des hospices du Royaume pour recevoir les souscriptions.

Il y a 1820 ans et un mois, Monseigneur, que le vieillard Siméon reçut au temple l'enfant Jésus, fils de Dieu, le nouveau Siméon voudra-t-il bien en 1821 accueillir et entendre un homme ignoré, qui a cependant beaucoup vu et entendu, qui a beaucoup lu et beaucoup calculé, qui a beaucoup médité et beaucoup comparé et qui ne lui parlera que le langage de la vérité, mais comme la vérité n'est pas bonne à dire à tout le monde, il désireroit avoir de lui une audience particulière pour se bien faire connoître, espérant que vous ne me refuseriez pas cette grâce, j'ai l'honneur d'être, etc.

M'étant aussi décidé à faire lithographier mon projet de monument à la mémoire de Monseigneur le Duc de Berry, je m'adressai pour cela à un très-bon artiste M. Romagnesi, qui m'ayant observé que mon plan étant une composition mixte, les règles de la peinture et de la sculture, n'admettoient pas le mélange du sacré avec le profane, et qu'aulieu du temps et des génies du bien et du mal, il conviendroit mieux de figurer Saint-Louis présentant à la France le rejeton des lis qui devoit régénérer sa dynastie ; quoique cet avis changeât la moitié de mon idée et fit d'une prédiction une postdiction, je le laissai libre d'y faire les changemens qu'il jugeroit convenables, et en effet, il exécuta son dessin suivant les corrections qu'il m'avoit indiquées. (On le trouve chez l'auteur, rue Mauconseil, n° 3 ; prix 5o c. dont 10 c. pour les pauvres.)

Aussitôt que j'en eus obtenu les premières épreuves, mon premier soin fut d'en faire hommage au Roi et à toute la famille Royale, j'accompagnai chaque envoi d'une épître dont ci-après les copies littérales ; SAVOIR :

# AU ROI;

S I R E,

La religion chrétienne catholique et apostolique étant à la veille de se relever de l'état languissant où elle est tombée, et de briller de l'éclat divin de son fondateur, il n'y aura pas assez de temples pour contenir tous les fidèles qui iront remercier et louer Dieu, de tous les biens qu'il va répandre sur la France; en conséquence, avant que la chambre des députés discute la proposition de M. Humbert de Sept-Maisons, relativement à la destination du terrein de l'Opéra, daignez m'excuser de ce que j'ose vous ouvrir l'avis d'un projet que j'ai en partie conçu, qui auroit le triple avantage d'édifier une église dans un quartier où il n'y en a pas, d'ériger un monument expiatoire à la mémoire de l'illustre et dernière victime royale de la révolution française, à la place même où elle est tombée, et de transmettre à la postérité un témoignage authentique de l'apparition miraculeuse de Saint-Louis à l'infortunée veuve du Duc de Berry, pour lui prédire la naissance d'un Prince, donné par Dieu, afin de la consoler et de propager les lis, dont un monstre avoit cru couper la tige chérie jusqu'à la dernière racine. La gravure lithographiée dont j'ai l'honneur de vous offrir l'hommage, est une composition allégorique, historique et prophétique qui pourroit facilement être exécutée en bas relief au milieu de la façade latérale de l'intérieur du temple du côté de la rue Rameau, *ubi cecidit*. Si j'étois, Sire, assez heureux pour que vous daignassiez prendre en considération mon idée, la seule grâce que j'aurois à vous demander, seroit d'ordonner à votre Ministre de l'intérieur de répondre de suite à la pétition que j'ai eu l'honneur de lui adresser le 3 mars dernier relativement à mes feuilles Ménagères dont j'ai pris la liberté de vous faire remettre le prospectus par M. le Duc d'Aumont, le 19 février précédent, désirant s'il agrée ma proposition, fixer l'ouverture de ma souscription au 1er mai prochain, pour concourir à célébrer un si beau jour par une institution de charité. J'ai l'honneur d'être, Sire, de votre Majesté, le très-fidèle, le très-soumis et très-respectueux sujet.

## *A S. A. R. Monsieur, Frère du Roi.*

Monseigneur,

Je me garderois bien de retracer à un père aussi profondément affligé, la perte qu'il a faite d'un fils cher à tous les cœurs, si l'amertume de ses regrets ne devoit être déjà adoucie par la divine consolation que la providence lui a envoyée, de le voir revivre dans un rejeton miraculeusement annoncé à sa fille par St.-Louis, votre céleste ayeul; puissent ces deux événements heureux et malheureux retracés sur un même plan, mériter le suffrage de votre Altesse Royale, en faveur du projet de monument que j'ai conçu et exprimé dans la gravure lithographiée dont j'ai l'honneur de vous offrir l'hommage et déterminer la préférence que je sollicite de toute la famille Royale pour son adoption; si j'étois assez heureux pour obtenir d'elle cette faveur, ce seroit une bien douce récompense du zèle ardent qui m'anime pour consolider l'autel et le trône, comme aussi du parfait dévouement dont se sent pénétré pour votre Altesse Royale votre très-humble, etc.

## *A LL. AA. RR. Monseigneur le Duc et Madame la Duchesse d'Angoulême.*

Consacrer la mémoire d'un Frère que vous chérissiez, par un monument religieux, est une idée qui ne peut qu'être accueillie favorablement par un couple qui est le modèle de toutes les vertus chrétiennes: fondé sur cette juste présomption, j'ai pensé que vous ne dédaigneriez pas l'hommage que j'ai l'honneur de vous adresser de six exemplaires d'une gravure lithographiée figurant ce monument; puisse ce projet mériter votre suffrage et votre approbation, il seroit la plus douce récompense du zèle et du dévouement sans bornes dont se sent animé pour l'héroïque fille du Roi Martyr, son très-humble, etc.

## A S. A. R. Madame la Duchesse de Berry.

Les douces larmes que j'ai versées, avant goût des délices du Paradis, première manifestation de la grâce sur moi, en entendant, le 29 septembre dernier, les coups de canon supplémentaires qui ont annoncé à tout Paris votre heureux accouchement d'un Prince, qui vous avoit été prédit par Saint-Louis, ont été bien récompensées par Dieu, dans l'heureuse inspiration qu'il m'a envoyée d'un projet de monument que j'ai l'honneur de vous soumettre dans les gravures lithographiées ci-jointes ; si mon plan avoit le bonheur de mériter votre suffrage, je ne doute pas que le Roi ne s'empressât de vous donner une preuve de sa royale affection, en le faisant exécuter au gré de vos désirs ; combien les miens seroient satisfaits, si vous daignez agréer l'hommage très-respectueux, etc.

Je reçus de toute la famille Royale les lettres de satisfaction les plus flatteuses, je n'obtins pas la même faveur de la part de Monseigneur le Cardinal-Archevêque à qui j'écrivis le 5 avril pour lui demander la permission de lui présenter moi-même l'hommage de deux épreuves de ma gravure ; il ne daigna pas me répondre.

Le 17 avril voyant que je ne recevois de Monseigneur le Ministre de l'intérieur aucune réponse à ma pétition du 3 mars, je lui en adressai une seconde dans les termes suivants:

Monseigneur ,

Vous priant de vous reporter à mon prospectus et à ma pétition du 3 mars dernier, relativement à mes feuilles Ménagères dont je viens de faire imprimer une première édition, j'ai l'honneur de vous donner avis que j'en ai déposé aujourd'hui à la direction de l'imprimerie et de la librairie, les cinq exemplaires éxigés par la loi, non seulement pour assurer ma propriété contre les contrefacteurs, mais encore pour qu'étant dans un de vos bureaux, vous puissiez facilement en prendre connoissance ; si après les avoir mûrement examinées, vous vous décidiez à en accepter le bénéfice de 200 pour 0/0 qui doit en résulter en faveur des pauvres et des hospices, je vous prierois de faire adresser de suite à tous les Préfets une circulaire pour les inviter à faire ouvrir un registre dans toutes les administrations des hospices du roy-

aume pour recevoir les souscriptions et en fixer l'ouverture
au 1<sup>er</sup> mai prochain, afin d'ajouter à la solennité du baptême
du Duc de Bordeaux ; l'institution d'un bienfait charitable,
moral et efficace en faveur de l'humanité ; si vous le re-
fusiez, réduit à exploiter moi-même mon entreprise, elle
n'obtiendra pas à la vérité, au premier abord, tout le succès
qu'elle auroit obtenu, recommandée par la confiance mani-
festée du gouvernement, mais elle n'en deviendra pas moins
catholique, et vous vous repentirez un jour de l'avoir dé-
daignée.

Dans le premier cas, le temps n'étant que bien juste pour
faire toutes les dispositions nécessaires à cet effet, tel que
modèles des registres, des quittances à délivrer et confection-
nement même desdits registres, daignez me fixer un jour
très prochain où je puisse être admis à vous présenter mon
hommage, ayant des vues ultérieures à vous communiquer.

Le 19, j'adressai à Monseigneur le Cardinal-Archevêque
l'épitre suivante, pensant que les citations que je lui faisois,
réveilleroient sa foi ou sa charité, ou lui donneroient l'envie
de connoître celui qui les lui faisoit

En ce temps-là, Jésus dit à ses disciples :
Quand l'esprit de vérité sera venu, etc. (*Voyez* page 13).
Venez esprit saint remplissez les cœurs de vos fidèles, etc.

Et je uis une voix du ciel qui parloit avec moi de rechef
et disoit, allez et prenez le petit livre ouvert des mains de
l'ange qui est debout sur la mer et sur la terre, et je m'en
allai à l'ange lui disant qu'il me donnat ce livre, et il me dit :
prenez ce livre et le dévorez, et il remplira votre ventre
d'amertume ; mais il sera doux comme miel à votre bouche,
et je pris le livre de la main de l'ange et le dévorai, et il étoit
à ma bouche comme un doux miel, et après l'avoir dévoré,
mon ventre fut tout en amertume ; et il me dit, il faut que
vous prophétisiez encore au nations et aux peuples, aux
langues et à plusieurs Rois. (*Apoc.*, ch. x, v. 8 à 11.)

Et je vis le ciel ouvert, et voici un cheval blanc et celui
qui étoit assis dessus étoit appelé fidèle et véritable et il juge
et combat avec la justice ; et ses yeux étoient comme une
flamme de feu, et il avoit plusieurs diadèmes sur la tête et
un nom qu'il n'y avoit que lui qui le connoissoit, et il étoit
couvert d'une robe blanche tachée de sang, et son nom étoit

*la parole de Dieu*, et les armées qui sont dans le ciel le sui-
voient sur des chevaux blancs vêtus de lin blanc et net,
et il sortoit de sa bouche un glaive tranchant des deux côtés
pour qu'il en frappe les nations, et il les gouvernera avec
une verge de fer, et il foule le pressoir du vin de la fureur
et de la colère du Dieu tout puissant, et il a écrit sur son
vêtement et sur sa cuisse, le roi des rois, le seigneur des
seigneurs. ( *Apoc.*, ch. XIX, v. 11 à 16. )

J'ajoutai à ces citations ce qui suit, ainsi paroîtra la vérité
en personne le jour du baptème du Duc de Bordeaux, envoyée
par Dieu pour consolider l'autel et le trône, pour édifier
des temples à la vertu et creuser des cachots pour le vice,
pour bâtir en un mot la Jérusalem céleste; c'est à vous à
préparer les voies du Seigneur et à favoriser son apparition,
son interprète ose se flatter que sa troisième épître ne restera
pas sans réponse comme les deux premières; il joint à la
présente deux épreuves de son projet de monument à ériger
à la mémoire de Monseigneur le Duc de Berry et une collection de ses feuilles Ménagères qu'il vous prie d'examiner
attentivement, sur-tout l'instruction théocratique.

Enfin, le 23 avril, je reçus de la grande aumônerie la lettre
suivante:

J'ai été véritablement touché, Monsieur, des sentiments
qui vous ont inspiré le projet dont vous voulez bien m'entretenir, mais un objet de cette importance étant réservé
aux méditations personnelles du Roi, il ne m'appartiendroit
de présenter des vues à Sa Majesté à ce sujet, qu'autant
qu'elle en donneroit l'ordre; je regrette donc sincèrement
de ne pouvoir seconder vos bonnes intentions. Recevez,
Monsieur, l'assurance de la parfaite considération avec
laquelle, j'ai l'honneur d'être.          Pour S. E. le C. G. A.

Cette lettre ne m'assignant aucune place où je puisse
paroître à la cérémonie, j'en écrivis une quatrième à Son
Eminence pour la solliciter de nouveau, et en même temps,
lui donner une copie du discours que je me proposais de
prononcer; après avoir pris pour texte, *quand l'esprit de
vérité sera venu etc.*, je continuois:

C'est moi qui suis, chrétiens, l'esprit de vérité,

Q'ici bas, de longtemps, vous n'avez écouté,

et après avoir déclamé en entier mon inspiration en vers,

j'ajoutois, tel étoit, mes frères, le texte à-peu-près littéral d'un avis qui a été envoyé d'en haut, le 17 février dernier, à la chambre des Députés, pour prévenir la guerre qui a eu lieu dans le royaume de Naples, quel cas en a-t-on fait? je l'ignore, tout ce que je sais, c'est que le sang a coulé et que ma robe en est toute tachée; qu'on demande aux napolitains si on leur avoit proposé ce dilème, ou la constitution des français, ou la guerre, laquelle ils auroient préféré; et nous sommes, dit-on, dans le siècle des lumières; ce sont les peuples, dit-on encore, qui doivent dicter des lois à leurs souverains; dans quel temps, dans quel pays, une pareille monstruosité politique a-t-elle jamais eu lieu? c'est bien pour le coup que l'univers va être bouleversé et retomber dans le cahos d'où il est sorti, si des vérités aussi anciennes que lui-même, sont prises en sens inverse par les hommes qui l'habitent; hélas mes frères, la fin du monde n'est pas éloignée, s'ils ne changent de manière d'agir et de penser; qu'est devenue la religion de nos pères, la morale de l'évangile, la doctrine de notre Seigneur Jésus-Christ? trente-trois années de révolution auront bientôt figuré et renouvelé les trente-trois ans de sa vie laborieuse et souffrante, elle approche de son terme, voulez-vous le crucifier de nouveau, ou accepter le pardon qu'il vous offre? il n'y a pas de milieu, ou Barbaras ou Jésus-Christ, il faut que l'un des deux périsse;

Mais s'il faut que ce soit ce dernier qui succombe,
De tout le genre humain il ouvrira la tombe;
Depuis que l'ante-christ à voulu escalader le ciel, plus de repos, plus de paix dans le monde; ne pouvant atteindre jusqu'à Dieu pour le détrôner, il a fait mourir un de ses lieutenants sur la terre, pour se mettre à sa place, et malgré ses forfaits si long-temps impunis,

Il existe encore un point dans l'univers,
Qu'habite le vampire et les rats et les vers!
Mais . . . . . . . . . . . . . . . . . . . . . . . . . . . .
Le très-haut désirant signaler sa justice
Pour le repos de tous ordonne qu'il périsse;
*Bon a porte Mala truncata, Mali furibant,*
*Boni gaudebunt, alleluia.*
Je ne reçus aucune réponse à cette épitre.

IMPRIMERIE DE XGUEOU.

Ne recevant nonplus aucunes nouvelles du Ministre de l'intérieur et desirant cependant que mes Feuilles Ménagères fussent connues, et figurassent à une époque aussi mémorable que celle du baptème du Duc de Bordeaux, j'en fis hommage d'une collection ainsi que d'une gravure de mon projet de monument, à chacun des seize mariages qui furent célebrés ce jour là, et les déposai à l'hôtel de ville, pour leur être distribuées, je répandis aussi quantité de mes prospectus.

La nuit du 1er au 2 mai, ayant eu une vision, de notre seigneur Jésus-Christ montant au Calvaire avec sa croix, et sachant que le 3, les missionnaires devoient commencer leurs exercices au mont Valérien, je fus vers les 11 heures du matin du 2, à l'hôtel des missions, rue d'enfer, demander à ces Messieurs la permission de débiter mon discours, sur la montagne du Calvaire; le portier m'ayant fait entrer au réfectoire où trois jeunes missionnaires d'environ 25 à 30 ans étoient à déjeuner, je leurs fis part de mon projet et en même temps je leur racontai la vision que j'avais eu de la Vérité mythologique et l'accomplissement de ce qu'elle m'avoit prédit; je ne fus pas peu étonné de leur entendre dire, à l'un, que cela devoit m'avoir fait bien du plaisir de voir une femme presque nue; à l'autre, que j'aurais dû me marier avec elle, puisque j'étois la vérité mâle; son inspiration est superbe, reprend un des deux interlocuteurs, il possède déja le langage des dieux, cette métaphore, des glaçons enflamés, pour exprimer les soldats du nord, n'est pas mal dutout; ce sont ses numéros 3 et 65, 3 et 78 que j'aime, répond l'autre; voyant qu'ils avoient l'air de me plaisanter, je leur observai que rien n'étoit impossible à Dieu, et qu'il se servoit quelque fois des choses les plus petites et les plus méprisées pour manifester sa toute puissance; c'est vrai, me répondit le dernier, les pucerons qui ont dévoré les Egyptiens, par exemple, et toujours avec un ton ironique et se regardant entre eux en riant; enfin scandalisé de leur entendre tourner en derision les écritures Saintes elles mêmes, je ne pus me contenir davantage contre ces nouveaux coré, dathan et abiron, et je les apostrophai en ces termes : il ne faut pas s'étonner, Messieurs, s'il n'y a plus de foi ni de religion sur la terre, puisque plusieurs de ceux qui sont chargés

de l'enseigner aux hommes et se disent disciples de Jésus-
Christ, n'en ont pas eux-mêmes et ne font du sacerdoce qu'un
métier ! et Dieu n'a pas encore exterminé l'univers ?!!!... je me
retirai accompagné de leurs éclats de rire sardoniques et
impies.

Le lendemain 3, je fus au mont Valérien, où, après que
l'office fut fini, ayant élevé au bout de ma canne, une pancarte
en gros caractères présentant le tableau suivant qui donne
la solution du problème 666 du verset 18 du chapitre 13 de
l'Apocalypse ;

« Ici est la sagesse : que celui qui a de l'entendement suppute
le nombre de la bête, car c'est le nombre d'un homme et ce
nombre est six cent soixante-six. »

Je me mis à crier d'un ton lamentable, tout près de la
première station en descendant, faites pénitence ! faites pénitence ! car l'antechrist, hélas, a régné sur la France ! et je
ne cessai de crier que quand le maréchal des logis de la
gendarmerie de Nanterre, que l'on fut chercher, m'eut fait
sortir du groupe qui s'étoit formé autour de moi et m'eut
ordonné de le suivre jusqu'à sa résidence, où étant arrivés,
à défaut d'autorités compétentes, il me conduisit chez M.
le curé, à qui ayant expliqué mes raisons, il me fit relacher,
et je m'en revins chez moi, percé jusqu'aux os, par un orage
affreux mêlé d'éclairs et de tonnerres continus, comme si
l'antechrist avoit voulu se venger de ce que je l'avois révélé.

Bona a parte Mala truncata,
**M**ali furibunt, Boni gaudebunt, alleluya.

---

## DÉMONSTRATION.

NAP-OLE-ONE

enseignement $\left\{\begin{matrix} 3 & 3 & 3 \\ 3 & 3 & 3 \end{matrix}\right\}$ mutuel.

BON-APA-RTE

6  6  6

égalent 666, nombre
de l'antechrist.

Le 4 mai j'écrivis à Monseigneur l'Archevêque pour lui faire part de mon expédition au mont Valérien et après lui en avoir donné les détails que l'on vient de lire, j'ajoutai, il est malheureux pour la cause de la religion, que vous ne vouliez pas me donner audience, j'aurois tant de choses merveilleuses à vous dire, que je ne puis confier au papier et que je ne puis dire que de vive voix, aux rois, ou au Pape ou tout au plus aux Cardinaux, que de miracles qui s'oppéreroient dans le courant de cette année, si je pouvois me faire entendre d'eux, je puis faire réaliser toutes les prédictions et prophéties antiques et modernes, et faire, en étonnant l'univers, une quatrième révélation de mystères, qui confondant l'incrédulité des méchants, et relevant l'espérance des bons, assureroit pour longtemps le bonheur du genre humain. Voici la dernière ouverture que vous fait la Vérité, tant pis pour vous, si vous refusez de l'entendre, elle ira alors trouver le chef de l'église, et vous ne serez pas longtemps, sans avoir des regrets amers de l'avoir méconnue.

J'adressai le même récit à M. Martinville, espérant qu'il en feroit un article dans le Drapeau Blanc, mais il n'en parla pas.

Je restai après cela tranquille pendant quelques jours, mais ayant vu, le 11, dans un journal que S. A. R. Madame la Duchesse de Berry devoit partir le 14 pour faire un pélérinage à Notre-Dame de Liesse, je pensai que ne pouvant venir à bout de me faire écouter dans la capitale des sourds et des aveugles, je réussirais mieux dans le pays des miracles : en conséquence je me mis en marche le 12, en pélerin précurseur de la Princesse; étant arrivé à Soissons, j'appris que que son voyage étoit retardé de huit jours, ne voulant cependant point revenir sur mes pas, je continuai ma route et j'arrivai le 15 à Liesse; le dimanche suivant, étant à la grand'messe, quelle ne fut pas mon étonnement et mon embarras lorsque j'entendis un prédicateur commencer son sermon par ce texte, *quand l'esprit de vérité sera venu* etc. Ignorant s'il est permis à un laïque de prêcher dans une église sans une permission du Curé, craignant aussi de causer du désordre au milieu de l'office divin, je me tins à quatre pour m'empêcher de déclamer.

C'est Moi qui suis, chrétiens, l'esprit de Vérité etc.

Je crus que la providence m'avoit ménagé cette occasion pour prononcer un discours que je n'avois pu prononcer le jour du baptème du Duc de Bordeaux. Enfin voulant m'assurer s'il me seroit permis de prêcher lorsque j'en trouverois l'occasion, j'en fis une copie que j'adressai à M. le supérieur de Liesse, avec une lettre par laquelle je lui demandois la permission de le prononcer lors de la cérémonie qui alloit avoir lieu; monsieur le supérieur n'ayant pas daigné me répondre, je pensai que l'église étant trop petite pour contenir l'affluence du monde qui viendroit pour voir cette fête, la halle, qui n'en etoit qu'à dix pas, seroit passablement peuplée de gens de la campagne, et en effet, la pluie qui tomba toute la matinée ayant obligé tout le monde de se réfugier dessous, je montai sur un banc et demandai à la multitude, après lui avoir distribué deux ou trois cents de mes prospectus, si elle vouloit que je lui fisse un discours, ne pouvant entendre celui que l'on prononçoit à l'église; d'après le consentement unanime je commençai à faire le signe de la croix, et après le texte *quand l'esprit de vérité sera venu* etc., je me mis à déclamer, c'est moi que suis, chrétiens, l'esprit de vérité etc., mais je n'étois pas au milieu de mon discours qu'un méchant sergent de ville avec un gendarme, vinrent m'interrompre en me demandant qui est ce qui m'avoit donné la permission de prêcher au peuple, leur ayant répondu que je la tenois de quelqu'un qui étoit supérieur à tout le monde, et que d'ailleurs je n'étois pas inconnu puisque j'étois logé chez le maire qui est un de mes amis, ils me conduisirent chez lui pour s'en assurer, madame son épouse leur ayant dit qu'elle répondoit de moi, ils me laissèrent auprès d'elle et s'enfurent.

Voyant enfin que je ne réussirois pas mieux à me faire écouter dans le pays des miracles que dans la capitale des sourds et des aveugles, je me déterminai aussitôt à faire le voyage de Rome où j'espérois d'être au moins écouté par quelque cardinal si je ne pouvois parvenir à l'être par Sa Sainteté, je partis donc le lendemain pour Lyon; en passant à Reims, je vis en arrivant à la porte de Mars, une très grande croix des missions, que l'on venoit d'y planter, sur un calvaire en rocailles, dans le genre de celui du mont

Valérien ; ils ont travaillé en vain, me dis-je en moi-même, ceux qui l'ont élevée, puisque nous voilà arrivés au temps où le bois qu'on avoit fait sceller dans un lieu stable sera arraché, brisé, tombera, et tout ce qui y étoit suspendu périra, parceque le Seigneur a parlé. Isaïe, chap. 22, v. 25.

Dans le nombre de mes parents ou autres personnes que je fus voir dans cette ville, je fis connoissance d'un particulier que l'on me dit être très-instruit dans la science des saintes écritures, notre conversation s'étant engagée sur les propheties il m'en fit voir une dans le dictionnaire de Moréri, qui m'étonna singulièrement ; elle est de S.-Malachie évêque d'Armach en Irlande qui donne la succession des papes qui doivent être nommés jusqu'à la fin des temps, et les désigne par une devise spéciale à chacun, laquelle devise s'est toujours trouvée d'accord avec l'individu qu'elle désignoit ; Pie VI y est surnommé Peregrinus-Apostolicus, Pie VII aquila rapax, son successeur Canis et Coluber, et le suivant Vir-Religiosus ; il ne me fut pas difficile de saisir le sens des devises de Pie VI et de Pie VII, dans les voyages forcés du premier qui vint mourir à Valence et dans les rapports du second avec l'aigle ravissant, mais ni lui ni moi ne pûmes jamais interpréter celle de Canis et Coluber, à la vérité ne connoissant pas encore le successeur de Pie VII, il n'étoit pas très-facile d'en deviner le sens.

Après avoir séjourné un jour et demi à Reims, je me remis en marche pour Lyon, je me détournai de quatre lieues de ma route directe pour aller voir ma fille aînée mariée à Bar le Duc, m'amusant un matin, des cinq jours que je restai auprès d'elle, à lire un volume de l'hermite de la guiane, je vis à la fin d'un chapitre, un petit emblême représentant un miroir en forme d'écran dont la poignée étoit entourée d'un serpent qui piquoit le milieu de la glace avec son aiguillon, un double trait de lumière m'éclaire à cette vue, je reconnois le miroir de la Vérité piquante qui me donne 'a clef de la devise Canis et Coluber, allégorie du fidèle et véritable, du verset 11, du chapitre 19 de l'Apocalypse : au même instant il me prit sans savoir pourquoi, une palpitation de cœur semblable à celle que j'avois eu lors de la naissance du Duc de Bordeaux ; cependant à force de réfléchir a cela, j'en tirai la conséquence que l'esprit de

Vérité prédit par Jésus-Christ devoit succéder à Pie VII, et que je pourrois bien avoir quelques droits à cette succession, si on finissoit par reconnoître et ajouter foi à ma mission; d'un autre côté la connoissance de mon incapacité, et mon humilité qui se refusoit à croire que Dieu ait voulu se servir de moi pour exécuter un décret aussi important, me faisoit craindre que je m'abusasse et que je n'eusse l'esprit alliéné, souvent même je rejettois toutes ces idées, comme si elles m'étoient inspirées par le démon de l'orgueil, mais j'y étois toujours ramené malgré moi; enfin contre le gré de mes enfans qui firent tout ce qu'ils purent pour me détourner de mon projet d'aller à Rome, je continuai ma route par St.-Disier et Joinville.

Une paire de souliers que je m'étois fait faire à Bar le Duc m'ayant blessé au talon, je fus obligé de prendre dans cette dernière ville, la voiture du courrier pour me conduire à Chaumont, ayant eu la franchise de dire que j'allois à Rome, les autres voyageurs qui étoient avec moi parurent curieux de savoir ce que j'y allois faire; je leur dis que j'y allois en pèlerinage et en même temps pour révéler l'antechrist au Pape, que j'avois eu des visions et des révélations extrememeut importantes dont je leur fis part, et qu'il alloit s'oppérer une révolution en bien cent fois plus étonnante que celle qui s'étoit oppérée en mal depuis près de trente-trois ans.

Le conducteur de la voiture qui avoit tout entendu, étant arrivé à Chaumont, fut raconter tout cela au rédacteur du journal de la Haute-Marne, qui curieux sans doute de connoître l'original, pour avoir le plaisir de faire un article sur son compte, m'envoya chercher le lendemain matin à mon auberge, une heure avant le départ de la voiture pour Langres, sous le prétexte de vouloir m'acheter de mes gravures que j'avois emporté avec moi, pour payer mes frais de voyage; après lui en avoir vendu une douzaine, il me dit qu'il avoit apris que j'avois raconté dans la voiture des choses bien extraordinaires, qu'il seroit bien aise de les entendre de ma propre bouche; pour satisfaire son desir, après lui avoir fait part de mes visions, je commençai par lui commenter le treizième chapitre de l'Apocalypse qui signale au doigt et à l'œil, Bonaparte comme l'antechrist, je lui

parlai du jugement dernier, de la fin du monde, je lui dis
que je connoissois une prophétie qui la fixoit à l'année 1860,
mais que mon avis à moi étoit qu'elle n'auroit lieu que dans
mille ans, qu'il y auroit avant peu une fin du monde, mais
que ce seroit la fin du monde impie, que les Juifs ainsi que
les autres sectes seroient ramenés à la religion chrétienne
catholique apostolique et romaine qui seroit elle même ra-
menée à son institution primitive par la réforme de bien
des abus qui s'étoient introduits dans l'église, que la loterie
et les jeux du hasard seroient abolis, que l'arc de triomphe
du carousel, les colonnes de la place vendôme et du châtelet
seroient renversées par l'orgeuil national, qui ne voudroit
pas laisser subsister plus long-temps des monuments de ses
folies, que l'on prêcheroit les missions dans Paris même,
que l'on feroit un auto-da-fé de tous les ouvrages philoso-
phiques subversifs de la morale et de la doctrine chrétienne,
qu'il y auroit des fêtes superbes pour célébrer le triomphe
de la Vérité sur le mensonge et l'incrédulité, qu'il seroit
élevé des tours de babel dans divers états d'Europe, qui
reserreront les nœuds de la sainte Alliance contractée par les
Souverains etc. etc. etc. Enfin je le quittai après lui avoir
encore vendu une demi douzaine de mes gravures. Je continuai mon voyage par Langres, Dijon, Beaune, Chalons,
Mâcon et Lyon où je séjournai quelques jours auprès de
mon fils aîné, commis chez le frère de M. Camille-Jordan; lui
ayant fait part de mon projet d'aller à Rome, dont il étoit
déjà prévenu par sa sœur qui lui avoit écrit de Bar-le-Duc,
de tâcher de m'en détourner, il fut prévenir M. le Lieute-
nant général de police et le prier de ne pas me viser mon
passport pour l'étranger, et en effet il ne voulut me le viser
que pour retourner à Paris.

Pendant mon séjour à Lyon étant entré un jour dans un
cabinet littéraire Pour y lire les nouvelles, quel ne fut pas
mon étonnement en voyant dans le journal du commerce à
la date des 11 et 12 juin, fêtes de la Pentecôte, ce qui suit :

On lit dans le courrier de la haute Marne du 9 juin l'article suivant : « il est arrivé de Paris ici il y a quelques jours,
un particulier qui a un genre de folie assez singulier, il annonce que depuis quelque temps Dieu lui apparoit toutes
les nuits sous différentes formes, mais plus particulièrement

sous la figure d'un ange et qu'il a daigné lui révéler des mystères inconnus au reste des humains, grâce à ces révélations il est parvenu à expliquer l'Apocalypse ; il se transporte en idée à Rome pour succéder au Pape Pie VII, après toute fois qu'il sera mort : Dieu lui a intimé l'ordre de réformer les abus qui se sont introduits dans l'église, mais ce qui paroit le plus extraordinaire c'est qu'il se croit en outre le Messie que les Juifs attendent depuis si longtemps, et il se promet bien d'en faire de zélés catholiques ; il prédit que la révolution sera anéantie cette année, parceque selon la parole de Dieu la révolution ne doit pas exister plus longtemps que n'a duré la vie de Jésus-Christ, c'est-à-dire 33 ans, il fixe aussi la fin du monde à l'année 1860, mais il espère que par ses vertus et ses prières il obtiendra un petit sursis de mille ans ; du reste cet homme s'énonce avec beaucoup de facilité, il paroit avoir une mémoire féconde et cause très-raisonnablement, pourvu qu'il ne soit pas question de l'apocalypse. »

Indigné de la mauvaise foi du journaliste qui avoit méchamment dénaturé ou passé sous silence la majeure partie de ce que je lui avois dit, j'adressai de suite à M. Martainville Rédacteur du drapeau Blanc, la lettre ci-après :

### Monsieur,

En passant dans cette ville pour aller à Rome, j'ai été très-étonné de voir dans un cabinet littéraire qu'il étoit mention ou plutôt mensonge de moi, dans le journal du commerce des 11 et 12 courant, qui répette un article qu'il dit extrait du courrier de la haute Marne du 9 du même mois ; ne pouvant pas plus empêcher un journaliste de mentir que la Marne ou la Seine de couler, je puis cependant lui prouver que quoiqu'il soit question d'interpretter l'apocalypse, je cause aussi raisonnablement que sur toute autre matière dont il paroit satisfait ; si vous vouliez m'obliger d'insérer dans votre journal, pour échantillon de ma folie, mes commentaires sur le chapitre 13 de cette divine prophétie, le public jugeroit lequel de nous deux est le plus fou, j'accompagnai la présente desdits commentaires que je donnerai dans une prochaine feuille.

Le Sieur Martainville n'ayant pas répondu à mon attente, j'avois donné mes commentaires, quelques jours après mon retour à Paris, à un imprimeur pour les publier sous le titre de septième trompette de l'Apocalypse, lorsqu'ayant apris la mort du vampire de St.-Hélène, je changeai le titre en celui de, *Apothéose de Napoléone Bonaparte*, ou signalement de l'antechrist, manifesté à tout l'univers par l'esprit de Vérité, avec cette épigraphe, heureux celui qui lit et qui écoute les paroles de cette prophétie et qui observe les choses qui y sont écrites, car le temps est proche, *Apoc.*, ch. 1, v. 3. Une feuille prochaine, comme je l'ai dit ci-dessus, contiendra le texte, le discours et les commentaires de cette brochure.

J'ai oublié de dire qu'à mon retour de Lyon, je trouvai chez moi la réponse du Ministère de l'intérieur en date du 28 mai, ainsi conçue.

Monsieur.

Vous avez communiqué au Ministre de l'intérieur, les feuilles que vous avez fait imprimer pour les comptes de la dépense des familles et que vous désignez sous le nom de *Feuilles Ménagères*, vous avez en même temps demandé à Son Excellence, d'inviter les Préfets à faire ouvrir un registre de souscription à ces feuilles dans toutes les administrations des hospices du Royaume, offrant d'abandonner aux pauvres et aux hospices, les deux tiers du produit. Les feuilles que vous avez conçues peuvent être utiles dans les ménages, mais c'est au public à en apprécier les avantages et le Ministre ne peut s'immiscer dans une entreprise de ce genre; je regrette de ne pouvoir en conséquence donner aucune suite à votre demande; j'ai l'honneur d'être.

Ce n'étoit guère la peine, me dis-je en moi-même, de me faire attendre trois mois une réponse par laquelle on convient que mon ouvrage peut être utile, mais que le Ministre ne peut s'immiscer dans cette entreprise; comment m'écriai-je, le Ministre ne peut s'immiscer dans une entreprise qui doit rapporter au moins 2,400,000 f. au profit des pauvres et des hospices? et voici mon calcul mis au plus bas:

On compte, dit-on en France, d'habitants. . 30,000,000

Leur réunion en famille , calculée au terme
moyen de 5 individus, les réduit à . . . . . . . . 6,000,000

J'admets qu'il n'y ait de souscripteurs qu'un
sixième, c'est toujours . . . . . . . . . . . . . . . 1,000,000

Un million fait à raison de 3 f. 65 c. . . . . . 3,650,000

Je déduis $\left\{\begin{array}{l}\text{Pour les frais . . . . 1,200,000}\\[1em]\text{Pour l'auteur . . . . . . 50,000}\end{array}\right\}$ 1,250,000

Il reste bien net pour les pauvres et les
hospices . . . . . . . . . . . . . . . . . . . . . . . . 2,400,000

Et je crée en outre une petite administration, où je pourrois employer quelques parents ou quelques amis malheureux, sans dénoncer, sans destituer, et sans déplacer
personne !

Ainsi donc vainement l'écho aritméthique dira qu'en
1821 ;

Un Franc vint pour soulager les pauvres . . . 1f. 20 c.
Un Franc vint pour doter les hospices . . . . . 1  20
Un Franc vint pour subvenir aux frais. . . . . 1  20
Et ne garda pour lui qu'un nombre infortuné. .    5
                                                  ______
Le soixante treixième sol . . . . . . . . . . . . . 3 f. 65 c.

Combien ne soulageroit on pas de malheureux avec cette
somme qui se renouvelleroit tous les ans, sans gréver personne? dans combien de familles ne jetteroit-on pas les
fondemens d'ordre et d'économie domestique, par une comptabilité si facile à apprendre et à tenir, dont la négligence
cause la ruine de tant de maisons ? quelles leçons de morale
et de charité chrétienne, ne renferme-t-elle pas l'instruction
théocratique, jointe à l'instruction pratique qui enseigne à
s'en servir, que j'ai nommée à juste titre : *Code de Famille.*

Mais pour soulager un peu l'attention de mes lecteurs
et recréer leur esprit, je vais suspendre un moment ma
narration et terminer la présente feuille par une grosse vérité
en cantique, qui soutienne leur foi et nourrisse leur âme. La
poésie prophane est appelée le language des Dieux, la poésie

chrétienne doit donc être toujours *le langage de Dieu*, l'on sourit peut être d'avance, en entendant le pauvre Michée annoncer encore des vers, l'on se prépare, comme on l'à déjà fait, à critiquer sa poésie, au lieu de profiter des avis et conseils charitables qu'elle renfermoit ; mais qu'on prenne garde de blasphémer contre le Saint-Esprit, puisque c'est le seul crime vraiment irrémissible. Pour traiter comme elle le mérite, la vanité de l'éloquence et de la science humaine, je continuerai à lui donner de temps en temps des leçons en bons ou mauvais vers indifféramment, les uns ne sont ni plus difficiles ni meilleurs que les autres, pour l'esprit qui m'anime ; je ne crains pas même d'avouer qu'en moi est personnifiée la machoire d'âne dont se servit et dont doit se servir encore, Samson pour combatre et exterminer les Philistins.

## LE RÈGNE DE DIEU.

*Cantique sur l'air du tonnerre.*

O vous qui de la parole
Connoissez les droits puissants ;
D'une obscure parabole
Votre œil découvre le sens ;
Mais à l'homme qui someille,
Dieu veut qu'on parle deux fois,
Cequ'il me dit à l'oreille
Je le Prêche sur les toits.

Seigneur que ton règne arrive,
Reprends ton autorité ,
Et rends la terre attentive
A ta sainte volonté.

Terre, frémis d'épouvante!
Un tonnerre va parler.
Je révèle à ton attente
Sa voix que Dieu fit sceller;
Pour la vérité suprême,
Les voiles sont superflus :
Le silence est un blasphème
Quand les moments sont venus.

Seigneur que ton règne arrive. etc.

Non sur le monde coupable,
Non le Christ ne règne pas,
En son nom règne le Diable,
Par ses funestes appas,
Où Dieu règne, la justice
Règne avec la charité ;
Ni l'orgueil, ni l'artifice
N'enchaînent la vérité.

Seigneur que ton règne arrive. etc.

C'est l'homme qui par foiblesse
Rébelle aux divines lois,
Fait règner dans son ivresse
L'ennemi du Roi des Rois ;
Dans le monde, du grand juge
Les enfers sont triomphants
Et Dieu n'a d'autre réfuge
que le cœur de ses enfants.

Seigneur que ton règne arrive. etc.

Satan, règne sur la terre,
Nos malheurs sont ses bienfaits,
Lui seul fait bénir la guerre
Dans le temple de la paix ;
Souverain par notre crime,
Satan domine au saint lieu,
Et Monarque illégitime
Règne à la place de Dieu.

Seigneur que ton règne arrive, etc.

---

### ERRATA.

Page 62, dernière ligne, lisez quantité, au lieu de qualité.

*La suite à la feuille prochaine.*

IMPRIMERIE DE HOUDON.

# LE

# PAUVRE MICHÉE,

## OU

# HISTOIRE DE LA VÉRITÉ,

### SORTIE DU FOND DU PUITS,

écrite par elle-même.

Prix de la Souscription : 5 fr. dont 1 f. pour les Pauvres.
et 6 f. pour les Départemens.

4<sup>me</sup> FEUILLE.

**PARIS;**

Chez L'AUTEUR, rue Mauconseil, N° 3.

10 JUIN 1822.

# LE
# PAUVRE MICHÉE,

## OU

## HISTOIRE DE LA VÉRITÉ,

### SORTIE DU FOND DU PUITS,

écrite par elle-même.

Prix de la Souscription : 5 fr. dont 1 f. pour les Pauvres.
et 6 f. pour les Départemens.

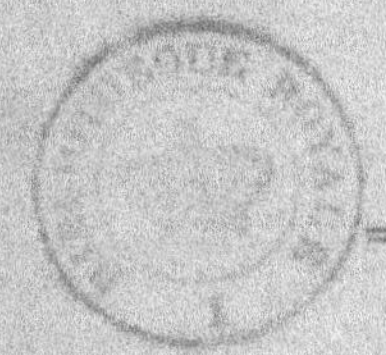

5me FEUILLE.

PARIS,

Chez l'AUTEUR, rue Mauconseil, N° 3.

17 JUIN 1822.

LE

# PAUVRE MICHÉE,

OU

## HISTOIRE DE LA VÉRITÉ,

SORTIE DU FOND DU PUITS,

écrite par elle-même.

Prix de la Souscription : 5 fr. dont 1 f. pour les Pauvres.
et 6 f. pour les Départemens.

———————————————

6<sup>me</sup> FEUILLE.

———————————————

PARIS,

Chez L'AUTEUR, rue Maucouseil, N° 3.

25 JUIN 1822.